心一堂術數古籍珍本叢刊

書名：選吉探源
系列：心一堂術數古籍珍本叢刊　選擇類　第二輯　238
作者：【民國】袁樹珊　撰
主編、責任編輯：陳劍聰
心一堂術數古籍珍本叢刊編校小組：陳劍聰　素聞　梁松盛　鄒偉才　虛白盧主

出版：心一堂有限公司
通訊地址：香港九龍旺角彌敦道六一〇號荷李活商業中心十八樓〇五一〇六室
深港讀者服務中心·中國深圳市羅湖區立新路六號羅湖商業大廈負一層〇〇八室
電話號碼：(852)67150840
網址：publish.sunyata.cc
電郵：sunyatabook@gmail.com
網店：http://book.sunyata.cc
淘寶店地址：https://shop210782774.taobao.com
微店地址：https://weidian.com/s/1212826297
臉書：https://www.facebook.com/sunyatabook
讀者論壇：http://bbs.sunyata.cc/

版次：二零一七年八月初版
平裝

定價：港幣　一百五十元正
　　　新台幣　五百九十八元正

國際書號：ISBN 978-988-8317-62-2

香港發行：香港聯合書刊物流有限公司
地址：香港新界大埔汀麗路36號中華商務印刷大廈3樓
電話號碼：(852)2150-2100
傳真號碼：(852)2407-3062
電郵：info@suplogistics.com.hk

台灣發行：秀威資訊科技股份有限公司
地址：台灣台北市內湖區瑞光路七十六巷六十五號一樓
電話號碼：+886-2-2796-3638
傳真號碼：+886-2-2796-1377
網絡書店：www.bodbooks.com.tw
台灣國家書店讀者服務中心：
地址：台灣台北市中山區松江路二〇九號一樓
電話號碼：+886-2-2518-0207
傳真號碼：+886-2-2518-0778
網絡書店：http://www.govbooks.com.tw

中國大陸發行　零售：深圳心一堂文化傳播有限公司
深圳地址：深圳市羅湖區立新路六號羅湖商業大廈負一層〇〇八室
電話號碼：(86)0755-82224934

心一堂微店二維碼

心一堂淘寶店二維碼

心一堂術數古籍 珍本叢刊 整理 總序

術數定義

術數，大概可謂以「推算（推演）、預測人（個人、群體、國家等）、事、物、自然現象、時間、空間方位等規律及氣數，並或通過種種『方術』，從而達致趨吉避凶或某種特定目的」之知識體系和方法。

術數類別

我國術數的內容類別，歷代不盡相同，例如《漢書・藝文志》中載，漢代術數有六類：天文、曆譜、五行、蓍龜、雜占、形法。至清代《四庫全書》，術數類則有：數學、占候、相宅相墓、占卜、命書、相書、陰陽五行、雜技術等，其他如《後漢書・方術部》、《藝文類聚・方術部》、《太平御覽・方術部》等，對於術數的分類，皆有差異。古代多把天文、曆譜、及部分數學均歸入術數類，而民間流行亦視傳統醫學作為術數的一環；此外，有些術數與宗教中的方術亦往往難以分開。現代民間則常將各種術數歸納為五大類別：命、卜、相、醫、山，通稱「五術」。

本叢刊在《四庫全書》的分類基礎上，將術數分為九大類別：占筮、星命、相術、堪輿、選擇、三式、讖諱、理數（陰陽五行）、雜術（其他）。而未收天文、曆譜、算術、宗教方術、醫學。

術數思想與發展——從術到學，乃至合道

我國術數是由上古的占星、卜筮、形法等術發展下來的。其中卜筮之術，是歷經夏商周三代而通過「龜卜、蓍筮」得出卜（筮）辭的一種預測（吉凶成敗）術，之後歸納並結集成書，此即現傳之《易

經》。經過春秋戰國至秦漢之際，受到當時諸子百家的影響、儒家的推崇，遂有《易傳》等的出現，原本是卜筮術書的《易經》，被提升及解讀成有包涵「天地之道（理）」之學。因此，《易・繫辭傳》曰：「易與天地準，故能彌綸天地之道。」

漢代以後，易學中的陰陽學說，與五行、九宮、干支、氣運、災變、律曆、卦氣、讖緯、天人感應說等相結合，形成易學中象數系統。而其他原與《易經》本來沒有關係的術數，如占星、形法、選擇，亦漸漸以易理（象數學說）為依歸。《四庫全書・易類小序》云：「術數之興，多在秦漢以後。要其旨，不出乎陰陽五行，生尅制化。實皆《易》之支派，傳以雜說耳。」至此，術數可謂已由「術」發展成「學」。

及至宋代，術數理論與理學中的河圖洛書、太極圖、邵雍先天之學及皇極經世等學說給合，通過術數以演繹理學中「天地中有一太極，萬物中各有一太極」（《朱子語類》）的思想。術數理論不單已發展至十分成熟，而且也從其學理中衍生一些新的方法或理論，如《梅花易數》、《河洛理數》等。

在傳統上，術數功能往往不止於僅僅作為趨吉避凶的方術，及「能彌綸天地之道」的學問，亦有其「修心養性」的功能，「與道合一」（修道）的內涵。《素問・上古天真論》：「上古之人，其知道者，法於陰陽，和於術數。」數之意義，不單是外在的算數、歷數、氣數，而是與理學中同等的「道」、「理」--心性的功能，北宋理氣家邵雍對此多有發揮：「聖人之心，是亦數也」、「萬化萬事生乎心」、「心為太極」。《觀物外篇》：「先天之學，心法也。……蓋天地萬物之理，盡在其中矣，心一而不分，則能應萬物。」反過來說，宋代的術數理論，受到當時理學、佛道及宋易影響，認為心性本質上是等同天地之太極。天地萬物氣數規律，能通過內觀自心而有所感知，即是內心也已具備有術數的推演及預測、感知能力；相傳是邵雍所創之《梅花易數》，便是在這樣的背景下誕生。

《易・文言傳》已有「積善之家，必有餘慶；積不善之家，必有餘殃」之說，至漢代流行的災變說及讖緯說，我國數千年來都認為天災，異常天象（自然現象），皆與一國或一地的施政者失德有關；下至家族、個人之盛衰，也都與一族一人之德行修養有關。因此，我國術數中除了吉凶盛衰理數之外，人心的德行修養，也是趨吉避凶的一個關鍵因素。

術數與宗教、修道

在這種思想之下，我國術數不單只是附屬於巫術或宗教行為的方術，又往往是一種宗教的修煉手段--通過術數，以知陰陽，乃至合陰陽（道）。「其知道者，法於陰陽，和於術數。」例如，「奇門遁甲」術中，即分為「術奇門」與「法奇門」兩大類。「法奇門」中有大量道教中符籙、手印、存想、內煉的內容，是道教內丹外法的一種重要外法修煉體系。甚至在雷法一系的修煉上，亦大量應用了術數內容。此外，相術、堪輿術中也有修煉望氣（氣的形狀、顏色）的方法；堪輿家除了選擇陰陽宅之吉凶外，也有道教中選擇適合修道環境（法、財、侶、地中的地）的方法，以至通過堪輿術觀察天地山川陰陽之氣，亦成為領悟陰陽金丹大道的一途。

易學體系以外的術數與的少數民族的術數

我國術數中，也有不用或不全用易理作為其理論依據的，如揚雄的《太玄》、司馬光的《潛虛》。也有一些占卜法、雜術不屬於《易經》系統，不過對後世影響較少而已。

外來宗教及少數民族中也有不少雖受漢文化影響（如陰陽、五行、二十八宿等學說。）但仍自成系統的術數，如古代的西夏、突厥、吐魯番等占卜及星占術，藏族中有多種藏傳佛教占卜術、苯教占卜術、擇吉術、推命術、相術等；北方少數民族有薩滿教占卜術；不少少數民族如水族、白族、布朗族、佤族、彝族、苗族等，皆有占雞（卦）草卜、雞蛋卜等術，納西族的占星術、占卜術，彝族畢摩的推命術、占卜術……等等，都是屬於《易經》體系以外的術數。相對上，外國傳入的術數以及其理論，對我國術數影響更大。

曆法、推步術與外來術數的影響

我國的術數與曆法的關係非常緊密。早期的術數中，很多是利用星宿或星宿組合的位置（如某星在某州或某宮某度）付予某種吉凶意義，并據之以推演，例如歲星（木星）、月將（某月太陽所躔之宮次）等。不過，由於不同的古代曆法推步的誤差及歲差的問題，若干年後，其術數所用之星辰的位置，已與真實星辰的位置不一樣了；此如歲星（木星），早期的曆法及術數以十二年為一周期（以應地支），與木星真實周期十一點八六年，每幾十年便錯一宮。後來術家又設一「太歲」的假想星體來解決，是歲星運行的相反，週期亦剛好是十二年。而術數中的神煞，很多即是根據太歲的位置而定。又如六壬術中的「月將」，原是立春節氣後太陽躔娵訾之次而稱作「登明亥將」，至宋代，因歲差的關係，要到雨水節氣後太陽才躔娵訾之次，當時沈括提出了修正，但明清時六壬術中「月將」仍然沿用宋代沈括修正的起法沒有再修正。

由於以真實星象周期的推步術是非常繁複，而且古代星象推步術本身亦有不少誤差，大多數術數除依曆書保留了太陽（節氣）、太陰（月相）的簡單宮次計算外，漸漸形成根據干支、日月等的各自起例，以起出其他具有不同含義的眾多假想星象及神煞系統。唐宋以後，我國絕大部分術數都主要沿用這一系統，也出現了不少完全脫離真實星象的術數，如《子平術》、《紫微斗數》、《鐵版神數》等。後來就連一些利用真實星辰位置的術數，如《七政四餘術》及選擇法中的《天星選擇》，也已與假想星象及神煞混合而使用了。

隨着古代外國曆（推步）、術數的傳入，如唐代傳入的印度曆法及術數，元代傳入的回回曆等，其中我國占星術便吸收了印度占星術中羅睺星、計都星等而形成四餘星，又通過阿拉伯占星術而吸收了其中來自希臘、巴比倫占星術的黃道十二宮、四大（四元素）學說（地、水、火、風），並與我國傳統的二十八宿、五行說、神煞系統並存而形成《七政四餘術》。此外，一些術數中的北斗星名，不用我國傳統的星名：天樞、天璇、天璣、天權、玉衡、開陽、搖光，而是使用來自印度梵文所譯的：貪狼、巨門、祿存、文曲，廉貞、武曲、破軍等，此明顯是受到唐代從印度傳入的曆法及占星術所影響。如星命術中的《紫微斗數》及堪輿術中的《撼龍經》等文獻中，其星皆用印度譯名。及至清初《時憲曆》，置閏之法則改用西法「定氣」。清代以後的術數，又作過不少的調整。

此外，我國相術中的面相術、手相術，唐宋之際受印度相術影響頗大，至民國初年，又通過翻譯歐西、日本的相術書籍而大量吸收歐西相術的內容，形成了現代我國坊間流行的新式相術。

陰陽學——術數在古代、官方管理及外國的影響

術數在古代社會中一直扮演着一個非常重要的角色，影響層面不單只是某一階層、某一職業、某一年齡的人，而是上自帝王，下至普通百姓，從出生到死亡，不論是生活上的小事如洗髮、出行等，大事如建房、入伙、出兵等，從個人、家族以至國家，從天文、氣象、地理到人事、軍事，從民俗、學術到宗教，都離不開術數的應用。我國最晚在唐代開始，已把以上術數之學，稱作陰陽（學），行術數者稱陰陽人。（敦煌文書、斯四三二七唐《師師漫語話》：「以下說陰陽人謾語話」，此說法後來傳入日本，今日本人稱行術數者為「陰陽師」）。一直到了清末，欽天監中負責陰陽術數的官員中，以及民間術數之士，仍名陰陽生。

古代政府的中欽天監（司天監），除了負責天文、曆法、輿地之外，亦精通其他如星占、選擇、堪輿等術數，除在皇室人員及朝庭中應用外，也定期頒行日書、修定術數，使民間對於天文、日曆用事吉凶及使用其他術數時，有所依從。

我國古代政府對官方及民間陰陽學及陰陽官員，從其內容、人員的選拔、培訓、認證、考核、律法監管等，都有制度。至明清兩代，其制度更為完善、嚴格。

宋代官學之中，課程中已有陰陽學及其考試的內容。（宋徽宗崇寧三年〔一一零四年〕崇寧算學令：「諸學生習……並曆算、三式、天文書。」「諸試……三式即射覆及預占三日陰陽風雨。天文即預

定一月或一季分野災祥，並以依經備草合問為通。」

金代司天臺，從民間「草澤人」（即民間習術數人士）考試選拔：「其試之制，以《宣明曆》試推步，及《婚書》、《地理新書》試合婚、安葬，並《易》筮法，六壬課、三命、五星之術。」（《金史》卷五十一・志第三十二・選舉一）

元代為進一步加強官方陰陽學對民間的影響、管理、控制及培育，除沿襲宋代、金代在司天監掌管陰陽學及中央的官學陰陽學課程之外，更在地方上增設陰陽學課程（《元史・選舉志一》：「世祖至元二十八年夏六月始置諸路陰陽學。」）地方上也設陰陽學教授員，培育及管轄地方陰陽人。（《元史・選舉志一》：「（元仁宗）延祐初，令陰陽人依儒醫例，於路、府、州設教授員，凡陰陽人皆管轄之，而上屬於太史焉。」）自此，民間的陰陽術士（陰陽人），被納入官方的管轄之下。

至明清兩代，陰陽學制度更為完善。中央欽天監掌管陰陽學，明代地方縣設陰陽學正術，各州設陰陽學典術，各縣設陰陽學訓術。陰陽人從地方陰陽學肄業或被選拔出來後，再送到欽天監考試。（《大明會典》卷二二三：「凡天下府州縣舉到陰陽人堪任正術等官者，俱從吏部送（欽天監），考中，送回選用；不中者發回原籍為民，原保官吏治罪。」）清代大致沿用明制，凡陰陽術數之流，悉歸中央欽天監及地方陰陽官員管理、培訓、認證。至今尚有「紹興府陰陽印」、「東光縣陰陽學記」等明代銅印，及某某縣某某之清代陰陽執照等傳世。

清代欽天監漏刻科對官員要求甚為嚴格。《大清會典》「國子監」規定：「凡算學之教，設肄業生。滿洲十有二人，蒙古、漢軍各六人，於各旗官學內考取。漢十有二人，於舉人、貢監生童內考取。附學生二十四人，由欽天監選送。教以天文演算法諸書，五年學業有成，舉人引見以欽天監博士用，貢監生童以天文生補用。」學生在官學肄業、貢監生肄業或考得舉人後，經過了五年對天文、算法、陰陽學的學習，其中精通陰陽術數者，會送往漏刻科。而在欽天監供職的官員，《大清會典則例》「欽天監」規定：「本監官生三年考核一次，術業精通者，保題升用。不及者，停其升轉，再加學習。如能黽勉供職，即予開復。仍不及者，降職一等，再令學習三年，能習熟者，准予開復，仍不能者，黜退。」除定期考核以定其升用降職外，《大清律例》中對陰陽術士不準確的推斷（妄言禍福）是要治罪的。《大清律例·一七八·術七·妄言禍福》：「凡陰陽術士，不許於大小文武官員之家妄言禍福，違者杖一百。其依經推算星命卜課，不在禁限。」大小文武官員延請的陰陽術士，自然是以欽天監漏刻科官員或地方陰陽官員為主。

官方陰陽學制度也影響鄰國如朝鮮、日本、越南等地，一直到了民國時期，鄰國仍然沿用着我國的多種術數。而我國的漢族術數，在古代甚至影響遍及西夏、突厥、吐蕃、阿拉伯、印度、東南亞諸國。

術數研究

術數在我國古代社會雖然影響深遠，「是傳統中國理念中的一門科學，從傳統的陰陽、五行、九宮、八卦、河圖、洛書等觀念作大自然的研究。……傳統中國的天文學、數學、煉丹術等，要到上世紀中葉始受世界學者肯定。可是，術數還未受到應得的注意。術數在傳統中國科技史、思想史，文化史、社會史，甚至軍事史都有一定的影響。……更進一步了解術數，我們將更能了解中國歷史的全貌。」（何丙郁《術數、天文與醫學中國科技史的新視野》，香港城市大學中國文化中心。）

可是術數至今一直不受正統學界所重視，加上術家藏秘自珍，又揚言天機不可洩漏，「（術數）乃吾國科學與哲學融貫而成一種學說，數千年來傳衍嬗變，或隱或現，全賴一二有心人為之繼續維繫，賴以不絕，其中確有學術上研究之價值，非徒癡人說夢，荒誕不經之謂也。其所以至今不能在科學中成立一種地位者，實有數因。蓋古代士大夫階級目醫卜星相為九流之學，多恥道之；而發明諸大師又故為惝恍迷離之辭，以待後人探索；間有一二賢者有所發明，亦秘莫如深，既恐洩天地之秘，復恐譏為旁門左道，始終不肯公開研究，成立一有系統說明之書籍，貽之後世。故居今日而欲研究此種學術，實一極困難之事。」（民國徐樂吾《子平真詮評註》，方重審序）

現存的術數古籍，除極少數是唐、宋、元的版本外，絕大多數是明、清兩代的版本。其內容也主要是明、清兩代流行的術數，唐宋或以前的術數及其書籍，大部分均已失傳，只能從史料記載、出土文獻、敦煌遺書中稍窺一鱗半爪。

術數版本

坊間術數古籍版本，大多是晚清書坊之翻刻本及民國書賈之重排本，其中豕亥魚魯，或任意增刪，往往文意全非，以至不能卒讀。現今不論是術數愛好者，還是民俗、史學、社會、文化、版本等學術研究者，要想得一常見術數書籍的善本、原版，已經非常困難，更遑論如稿本、鈔本、孤本等珍稀版本。在文獻不足及缺乏善本的情況下，要想對術數的源流、理法、及其影響，作全面深入的研究，幾不可能。

有見及此，本叢刊編校小組經多年努力及多方協助，在海內外搜羅了二十世紀六十年代以前漢文為主的術數類善本、珍本、鈔本、孤本、稿本、批校本等數百種，精選出其中最佳版本，分別輯入兩個系列：

一、心一堂術數古籍珍本叢刊

二、心一堂術數古籍整理叢刊

前者以最新數碼（數位）技術清理、修復珍本原本的版面，更正明顯的錯訛，部分善本更以原色彩色精印，務求更勝原本。并以每百多種珍本、一百二十冊為一輯，分輯出版，以饗讀者。

後者延請、稿約有關專家、學者，以善本、珍本等作底本，參以其他版本，古籍進行審定、校勘、注釋，務求打造一最善版本，方便現代人閱讀、理解、研究等之用。

限於編校小組的水平，版本選擇及考證、文字修正、提要內容等方面，恐有疏漏及舛誤之處，懇請方家不吝指正。

心一堂術數古籍珍本整理叢刊編校小組

二零零九年七月序

二零一四年九月第三次修訂

選吉探原

張謇

唐序

序樹珊大六壬探原竟。又讀其選吉探原。其論幹枝方位、刑尅化合。都非吾所能解。惟辨譌附錄兩篇中。所載、諸論釋。尤見其根柢精純。識解超卓。斷非東漁西獵。稍窺一班者。所能望其項背。而論嫁娶喪葬。尤多關於人心世道之言。是亦因技而寓道矣。夫人之選吉以避凶也。好吉而惡凶。固為人情之所同。然有恣睢暴戾。陰賊險很。貪於貨賄。漁於顏色。在家則悖其親。在朝則後其君。出門則賣其友。臨下則罔其民。大之肆毒於天下。小之武斷於鄉曲。天奪其魄、而不知也。鬼瞰其室、而弗顧也。是有凶德。號為凶人。然而一繕造、必選吉方。一婚嫁、必選吉日。一塋葬、必選吉地。其好吉而惡凶。亦猶之人也。獨於其己身之形骸百體。凶言凶行。不知惡而去之。易曰。積善之家、必有餘慶。積不善之家、必有餘殃。書曰。惠迪吉。從逆凶。乃如之人、為慶為殃。為吉為凶。不必待之蓍龜。而後可斷也。假令有一術、焉可轉其殃而為慶。易凶而為吉。則王莽持虞帝匕首。天文郎按栻於前。日加時某。莽輒旋席隨斗柄。而坐。顧千刀之哉。何以及於漸臺哉。善乎王朗川引慈湖先訓也、曰。心吉則百事皆吉。古人於為善者命曰吉人。世間凶神惡煞。何處干犯得他。吾請續其言曰。心凶則百事皆凶。凶惡之人、與凶神惡煞。正是氣類相感。不召自至。雖有祥星吉曜。恐亦望望然去之。世固有雄藩巨鎮、篤信拘忌。而孤虛旺相、奉之如神。卒之奔亡淪陷、而不可救者。此不得歸咎於術人之疏也。敢以此告世之為人選吉者。並以告世之有事於選吉者。又不知樹珊聞吾言、而以為何如也。乙丑五月丙子朔越十有八日癸巳小暑節丹陽唐邦治撰於都門

自序

拙著選吉採原甫脫稿。就正於楊君石葭。石葭欣然謂余曰。子知選吉要道。太歲歲破、大凶。三煞、亦大凶。又知某日宜某事。某日不宜某事。稽考古籍。纂述成書。以此示人。俾知趨避。意良美也。吾家世鄉居、日與羽族習。有目覩二事。為子言之。既可證選吉之說。又可見物理之通。小物不遺。儻在於是。夫鵲善營巢。人所知也。至每年坐向。各有不同。人或不察。余嘗留意及之。凡子、寅、辰、午、申、戌、六陽年所搆者。巢之門戶。坐東西、不向南北。丑、卯、巳、未、酉、亥、六陰年所搆者。巢之門戶。坐南北、不向東西。數十年來。歷驗不爽。此非避歲破三煞而何耶。又梁燕作巢。終日辛勤。無時或輟。惟戊己二日。決不啣泥築壘。只見其飛翔瞻顧而已。此非避戊己凶煞而何耶。夫物類如鵲燕。渺乎小矣。乃其智識、竟與人不謀而合。亦可異矣。余聞之憬然曰。君誠有心人也。嘗讀博物志云。鵲巢門戶。皆背太歲。抱朴子云。鶴知半夜。燕知戊己。竊嘆鳥之巧識天機。竟能如此。然猶疑信參半。今聞君言。若合符契。益信選擇家、所謂太歲可坐不可向。三煞可向不可坐。與夫五黃煞、戊已煞、均忌動土之說。衡之於理、既鑿然不易。驗之於物、益信而有徵。可知選擇之學、自秦漢以迄於今。數千年來、得以相傳於勿墜者。固有自來也。楊君曰唯。是次往復之說。弁於簡端。以告世之侈譚高遠。而鄙選擇之學為不足道者。

中華民國十二年歲次癸亥處暑前九日鎮江袁阜樹珊甫自識於丹徒城西之潤德堂

題辭 謹以奉到先後爲序

丹徒胡光發壺山

江都袁子人中豪垂簾賣卜真清高恥投將軍作揖客煙雲落紙頻揮毫金神七煞不可犯董氏新書說荒誕蔣氏名雲號奇峯假託銀峯無忌憚幸讀先生辨譌篇令我一讀一欣然能道前人所未道婆心苦口書重編周年六十甲子表趨吉避凶期貴早不假思索一望知良辰選擇世所寶選年月日兼選時吉凶神煞明辨之月表須知如指掌宜忌分剖確無疑衰旺神煞分體用體用二字宜並重不辨衰旺泥神煞奚啻癡人常說夢千金歌創楊筠松三奇諸德吉制凶先生一一皆列表讀者豁然能貫通上卷利用下附錄令我不厭百回讀搜羅羣書卆復年始知博雅超凡俗先生培植在根源醒時能教薄俗敦得見天心善講易邵子康節許同論命理六壬有著作兩書問世惠後學選吉探原又刊成立論更不同穿鑿先〻生〻儒雅亦風流隱於市廛又何求利鎖名韁不屑道著書壽世自千秋先生善機最洋溢濁世家食亦

良吉逃名名播海內知不讓隨園才子筆

丹徒李丙榮樹人

雞蟲得失幾勞形誣吉書成覺世經多少興亡向誰訴千秋隱憾涕飄零

濟時心事兩淒清慙愧儒生浪得名未奮涓埃刊易鑰（先祖肇修明經有易鑰四卷未梓）可憐著述老虞卿

丹徒劉富彭仰蘇

命理探原刊歷年六壬選吉又齊編筆參造化辭精蘊學究天人義博淵涓吉除凶知有準鈎元提要耐尋研羨君成己兼成物效彼前賢覺後賢

滿天星宿盡羅胸探本窮原立正宗禍福無門惟自召災祥異路究奚從心田迪吉終爲吉時日逢凶或未凶參悟其中眞奧窔怡然志趣樂雍容

江浦趙思忠叔謀

天紀地方自有眞推原其故重斯人莫云我輩非前輩但問來因與去因向背從違審神煞吉凶禍福辨星辰刪繁就簡精微奧大集詵詵剴切陳

天懵夢夢甚知原不厭希避凶自趨吉杜漸更防微恨事向誰說狂歌悔昨非得君
先指導契彼聖人幾

丹徒殷　煦和卿

莫謂時風信不迷天心克見孰參稽窮途落寞嗟搔首古道淪亡悔噬臍趨吉避凶
周易理頒時正朔漢皇圭臬非黃種何歧異袁子傳經儼照藜

丹徒道受章晉之

選吉採原手一編條分縷晰燭機先傳心甲子羲皇聖確算陰陽管輅仙附錄能教
風俗厚辨訛直使怪犀然靜觀燕鵲知趨避人最靈明莫誤偏

丹徒趙清綬紹霖

列傳曾將日者編龍門體例已開先知君心法承康節妙理研求心自專
懶讀坊間諏吉書魯魚亥豕半模糊洛陽紙貴增聲價通德類情反覺蕪

丹徒李正學崇甫

謹慎君恭事知幾守易經思維趨吉日研究避凶星闡我機緣湊天人布算靈等身

饒著述心慧本瓏玲

江浦金掄元殿英

贊曰才大如海心細於髮探本窮原不矜不伐

江寧趙惟清匯川

贊曰其理精微目無餘子其思無邪吉祥止止

選吉探原凡例

一邱平甫選吉歌云。方方位位煞神臨。避得山過向又侵。只有山家眞旺處。天機妙處好留心。枝如不合幹中取。迎福消凶旺處尋。任是羅睺陰府煞。也須藏伏九泉陰。讀此可知選吉以幹枝衰旺爲體。方位神煞爲用。若泥於神煞。不辨衰旺。有用無體。豈能迎福消凶乎。本編大旨。論神煞。則專以隨從太歲月建之重要者爲主。論選吉。造葬。則以幹枝正五行旺氣、扶龍、補山、益化命、助本命爲主。入學、上官、婚姻、嫁娶、開市、交易、栽種、牧養等事。則以輔佐值事人本命爲主。其餘瑣碎怪異之神煞。概置不論。

一協紀辨方書所載神煞雖多。而開山立向修方吉者。年家惟歲德、歲德合、歲枝德、歲祿、歲馬、陽貴、陰貴、奏書、博士、三元紫白而已。月家亦惟天道、天德、天德合、月德、月德合、月空、貴人、祿馬、三元紫白、八節三奇而已。餘如蓋山黄道、通天竅、走馬六壬、四利三元。按其實際與歲德歲德合小異大同。本編論開山立向修方、皆基於此年家只載歲德、歲德合、月家亦只載天道、天德、諸吉神。餘均不論。惟精惟一。庶趨避較簡易爾。

一本編開山立向修方凶者。年家只載太歲、歲破、劫煞、災煞、歲煞、伏兵、大禍、五黃、戊己都天。月家只載月建、月破、劫煞、災煞、月煞。餘均不論。協紀辨方書云。太歲、歲破、不可犯。三煞、猶可制化。況其他乎。可見真正凶煞惟此數者而已。至陰府年尅打頭火浮天空亡、大小月建。協紀利用篇多非議之。不得謂為凶煞。故概置不論其餘小煞。更不足道也。

一本編月表以月為綱。以日為目。月首起建。歷建、除、滿、平、定、執、破、危、成、收、開、閉、而十二枝咸備。每枝分五幹。而六十甲子咸備。按照逐月幹枝。凡吉神多者應宜各事。悉遵協紀辨方書、逐日註明。凶煞多者。應忌各事。概不列入。大凶之日。即註諸事不宜。其有註一概無取者。因只不宜本編所載祭祀、祈福、求嗣、入學、上官赴任、結婚姻、嫁娶、移徙、安床、修造、動土、豎柱、上梁、開市、立券、交易、栽種、牧養、破土、安葬、啟攢、一十九事。而協紀辨方書所載沐浴、剃頭、整手足甲、伐木、捕捉、畋獵、等事。是日或有註宜者。因此等事。於人生關係至微。為本編所不選及。故只註一概無取。以示區別耳。

一選吉要道。書有明文。視事體之大小緩急。辨神煞之向背從違。萬年書載御用六十七事。民用三十七事。通書亦載選吉有六十事。可謂完備而詳明矣。本編僅擇其為人民所常用。如上條所載之十九事。名目雖減少。而敬天地、孝父母、教子孫、敘彝倫、與夫冠婚喪祭、士農工商所恆需者。悉已包括無遺。善用者觸類旁通。必可左宜右有。無取乎繁瑣為也。

一本編選年篇。載明廿四山向。及年家吉凶神煞。孰宜孰忌。凡選吉造葬者。一經檢查。自能明瞭。

一本編選月篇。亦載明開山、立向、修方、吉凶神煞。細心檢查。則山向方道之吉凶。瞭如指掌。而修造葬埋。孰宜孰忌。立可解決。

一本編選日篇。載明值事人本命凶煞幹枝表。凡選吉日。總以值事人本命。不犯枝衝、三煞、天罡四旺煞。乃為十全。其有不及迴避枝衝。而能不犯本命八煞者。亦能召福閱者慎毋忽之。

一本編選時篇最為簡明。凡與值事人本命。及所用山方。所選之年、月、日、生扶拱合。或得長生、貴人、祿馬、貴登天門四大吉時者。皆為吉時。與值事人本命。及所用山方。所選年、月、日等處。犯刑、衝、尅、害者。皆為凶時。至六十甲子。時家吉凶神煞。概置不論。庶免吉凶聚訟。無所適從之患。

一本編月表。逐日幹枝註宜之事。乃是固定不移。其中有隨太歲幹枝、變更吉凶者。如上朔、歲破是也。有隨節氣、變更吉凶者。如土王用事、四離、四絕、氣往亡、是也。有隨日期變更吉凶者。如月朔、月望、十五日義同。月晦、月忌及周堂圖值夫婦、翁、姑、是也。閱者須將月表須知數條。細心熟玩。始無遺誤。他如結婚姻、嫁娶、是兩事。動土、破土、亦是兩事。世俗不察。每多貽誤。故特冠之於首。

一協紀辨方書云。五行名目。多不可言。要以正五行為本。俗術不明此義。勢必動輒得咎。無所適從。如以甲山而論。正五行屬木。洪範五行則屬水。陰府五行則屬土。墓龍變運則又屬火。或又屬金。行止有五。而一山已占其四。一年、月、日、時。而幹枝、納音、化氣。又占其四。求其不尅。不亦難乎。此誠破的之論也。本編謹遵此言。利用篇所採。皆先賢造命真詮。專以正五行為標準。其他駁雜不純。似是而非者。不錄。至吳興沈亮功所立補龍表。其法本諸補龍古課。堪為二十四龍取局之用。淺顯易明。尤為捷訣。特取用焉。若修造安葬權法。雖屬變通。實有至理。造葬者苟山方不利。或為天時人事所限。儘可如法用之。

一邱平甫云。諸家年月多差舛。惟有紫白卻可憑。桑道茂、及一行禪師、又云。紫白所到方。不避太歲將軍、官符、諸凶。不避宅長一切凶年。惟不能制天罡四旺煞而已。則紫白之吉。古所共宗。就此觀之。天罡四旺煞之凶。概可想見。而歲破、劫煞、災煞、歲煞、伏兵、大禍、之凶。其力尤大。更當謹避。故本編於年月紫白表中不惜一再言之。

一楊筠松千金歌云。三奇諸德能降煞。吉制凶神發福多。可見三奇諸德之吉。足以制伏中煞小煞。故本編於三奇諸德一一列表載明。而於三奇尤為詳細。庶閱者易於檢查。

一辨謬四篇。其一為大偷修日通書。美其名為諸神朝天。謂為動土、破土、可以肆無忌憚。其二為重復日。有不忌葬埋。而世俗有誤為概忌葬埋者。其三為二十八宿。本無吉凶。玉匣記指吉為吉。指凶為凶。轉使真吉真凶不能趨避。其四為董氏諏吉新書。選吉之道。並無真詮。惟謗人以黃羅、紫檀、金銀寶藏、田塘、庫珠。嚇人以損長幼、招官司、蛇傷虎咬。使人不得不信。此皆謬言謬說。最足誤人者。不可不辨。

一選擇宗鏡云。大煞避之。中煞制之。小煞可不必論。但得八字停當。吉星照臨。自然貞吉。若揑造之假煞。刪之而已。如楊公忌、紅沙、天狗日、上兀、下兀、四不祥、九良星、披麻煞、斧頭煞、魯班煞、星曜煞、衝丁煞、消滅煞、山方煞、李廣箭日、流太歲、天地爆火、黃泉八煞、金神七煞、天地轉煞、入地空亡、種種名目。不勝枚舉。毫無義理。概從刪除。

一附錄十三篇。始則說明建寅不始於夏。及建除十二神、由來已久、與夫四大吉時之詳解。繼則歷叙婚嫁喪葬之禮。並誌石墓碑之必要。終則殿之以夏氏擇日之神妙。俾資稽鏡。非辭費也。

一本編法雖簡易，語必求詳，俾人人得識普通選吉之道，惟著者弇陋，罅漏定所不免。仍希海內博雅君子，惠以教言，匡其不逮，則幸甚幸甚。

選吉採原卷上目錄

選年篇

選時篇

利用篇

卷下目錄

辨譌篇

附錄篇

增補

選吉採原卷上

潤德堂叢書之四

選年篇

鎮江袁樹珊著

選年大旨

清會典載萬年書御用六十七事。民用三十七事。通書亦載選吉有六十事。可謂鉅細靡遺矣。本編删繁就簡。擇其爲家常日用四民所恆有者。曰祭祀。曰祈福。曰求嗣。曰入學。曰上官赴任。曰結婚姻。曰嫁娶。曰移徙。曰安床。曰修造動土。曰豎柱上梁。曰開市。曰立券。曰交易。曰栽種。曰牧養。曰破土。曰安葬。曰啟攢。凡十九事。此十九事中。惟修造動土、豎柱上梁、破土、安葬、啟攢。必須值年、太歲與所用之山向、所修之方道。得三元紫白、及歲德、歲德合、陽貴人、陰貴人、歲祿、歲馬、奏書、博士到宮者。始爲通利。無則次之。若犯太歲、歲破、刦煞、災煞、歲煞、伏兵、大禍、五黃、戊己都天、（戊己都天煞亦有不忌者。詳見後）

說。諸大惡煞者。萬不可用。若山向方道。得紫白諸吉。又不犯諸大惡煞。而宅長本命。修造事葬者化命、祭主本命。葬埋事與值年太歲相衝相尅者。仍不可用。具詳於後。至於嫁娶。只須男女冠笄及年。即可選吉成禮。不必選年。俗書雖載男婚凶年。女嫁凶年。按其起例。毫無義理。殊不足信。其他十三事。時日吉利。即可舉行。更無選年之說矣。

值年太歲即六十甲子。每年一位。以次順序是也。

甲子乙丑海中金　丙寅丁卯爐中火　戊辰己巳大林木　庚午辛未路傍土
壬申癸酉劍鋒金　甲戌乙亥山頭火　丙子丁丑澗下水　戊寅己卯城頭土
庚辰辛巳白蠟金　壬午癸未楊柳木　甲申乙酉泉中水　丙戌丁亥屋上土
戊子己丑霹靂火　庚寅辛卯松柏木　壬辰癸巳長流水　甲午乙未沙中金
丙申丁酉山下火　戊戌己亥平地木　庚子辛丑壁上土　壬寅癸卯金箔金
甲辰乙巳覆燈火　丙午丁未天河水　戊申己酉大驛土　庚戌辛亥釵釧金
壬子癸丑桑柘木　甲寅乙卯大溪水　丙辰丁巳沙中土　戊午己未天上火
庚申辛酉石榴木　壬戌癸亥大海水

二十四山向

乾山巽向兼亥巳　亥山巳向兼乾巽壬丙　壬山丙向兼亥巳子午　子山午向兼壬丙癸丁

癸山丁向兼子午丑未　丑山未向兼癸丁艮坤　艮山坤向兼丑未

自乾山巽向兼亥巳。至艮山坤向兼丑未。忌用坐三煞寅、午、戌、及衝山、年、月、日、時。

艮山坤向兼寅申　寅山申向兼艮坤甲庚　甲山庚向兼寅申卯酉　卯山酉向兼甲庚乙辛

乙山辛向兼卯酉辰戌　辰山戌向兼乙辛巽乾　巽山乾向兼辰戌

自艮山坤向兼寅申。至巽山乾向兼辰戌。忌用坐三煞巳、酉、丑、及衝山、年、月、日、時

巽山乾向兼巳亥　巳山亥向兼巽乾丙壬　丙山壬向兼巳亥午子　午山子向兼丙壬丁癸

丁山癸向兼午子未丑　未山丑向兼丁癸坤艮　坤山艮向兼未丑

自巽山乾向兼巳亥。至坤山艮向兼未丑。忌用坐三煞申、子、辰、及衝山、年、月、日、時。

坤山艮向兼申寅　申山寅向兼坤艮庚甲　庚山甲向兼申寅酉卯　酉山卯向兼庚甲辛乙

辛山乙向兼酉卯戌辰　戌山辰向兼辛乙乾巽　乾山巽向兼戌辰

自坤山艮向兼申寅。至乾山巽向兼戌辰。忌用坐三煞亥、卯、未、及衝山、年、月、日、時。

按凡爲修造葬埋。選擇吉期務將上列二十四山向。仔細查看。約言之、坐北朝南者。忌用寅、午、戌、年、月、日、時。坐東朝西者。忌用巳、酉、丑、年、月、日、時。坐南朝北者。忌用申、子、辰、年、月、日、時。坐西朝東者。忌用亥、卯、未、年、月、日、時。此皆坐三煞也。主大凶。若乾山巽向、兼亥巳。則忌用巳年、巳月、巳日、巳時。乾山巽向、兼戌辰。則忌用辰年、辰月、辰日、辰時。如此之類。皆爲衝山。亦主大凶。

年三元九星表 專選紫白到山、到向、到方用之。則不犯五黃矣。如與歲破、三煞、伏兵、大禍同臨仍忌。

	甲子	乙丑	丙寅	丁卯	戊辰	己巳	庚午	辛未	壬申
	癸酉	甲戌	乙亥	丙子	丁丑	戊寅	己卯	庚辰	辛巳
	壬午	癸未	甲申	乙酉	丙戌	丁亥	戊子	己丑	庚寅
	辛卯	壬辰	癸巳	甲午	乙未	丙申	丁酉	戊戌	己亥
	庚子	辛丑	壬寅	癸卯	甲辰	乙巳	丙午	丁未	戊申
上 中 下	己酉	庚戌	辛亥	壬子	癸丑	甲寅	乙卯	丙辰	丁巳

	元	元	元	戊午	己未	庚申	辛酉	壬戌	癸亥			
一	白	四綠	七赤	中	乾	兌	艮	離	坎	坤	震	巽
二	黑	五黃	八白	乾	兌	艮	離	坎	坤	震	巽	中
三	碧	六白	九紫	兌	艮	離	坎	坤	震	巽	中	乾
四	綠	七赤	一白	艮	離	坎	坤	震	巽	中	乾	兌
五	黃	八白	二黑	離	坎	坤	震	巽	中	乾	兌	艮
六	白	九紫	三碧	坎	坤	震	巽	中	乾	兌	艮	離
七	赤	一白	四綠	坤	震	巽	中	乾	兌	艮	離	坎
八	白	二黑	五黃	震	巽	中	乾	兌	艮	離	坎	坤
九	紫	三碧	六白	巽	中	乾	兌	艮	離	坎	坤	震

三元九星。以紫白爲吉。其原始於黃帝遁甲經。一白在坎配休門。二黑在坤配死門。三碧在震配傷門。四綠在巽配杜門。五黃在中宮不配門。六白在乾配開門。七

赤在兌配驚門。八白在艮配生門。九紫在離配景門。八門之中。以休、生、景、開、為吉。故九星之中。以一白、六白、八白、九紫、為吉也。其法上元甲子年中宮起一白乙丑年中宮起九紫。俱順飛九星。入中之星。每年遞退一位。蓋星順行而前則入中之星。自不得不退行而後。修造者如其方遇紫、白飛到則吉。遇五黃、飛到則凶。如叠戊己、則更凶。動土修塋。犯之主災。

假如民國十二年癸亥本屬上元。檢查此表上元癸亥年。即知一白到坎。二黑到坤、三碧到震。四綠到巽。五黃到中。六白到乾。七赤到兌。八白到艮。九紫到離。約言之、紫白到方、為吉。五黃到方、為凶。叠戊己、為尤凶。黑、碧、綠、赤、無取。今一白到坎。六白到乾。八白到艮。九紫到離。凡此四卦。皆為吉方。經云。一卦管三山。坎卦壬、子、癸、三山。乾卦戌、乾、亥、三山。艮卦丑、艮、寅、三山。離卦丙、午、丁、三山。凡此十二山。雖太歲坐山。太歲衝命。均可動土、破土。桑道茂云。紫、白所到方。不避太歲諸凶。不避宅長一切凶年。曾文迪云。太歲叠吉星則貢福。此之謂也。若再得歲德、歲德合、諸大吉神同臨。更為通利。若與歲破、刧煞、災煞、歲煞、伏兵、大禍、同臨。仍以凶論。造葬大事。

究不可用。至於五黃到中。則中宮為凶方。一切不利。二黑到坤。三碧到震。四綠到巽。七赤到兌。則未、坤、申屬坤卦。甲、卯、乙屬震卦。辰、巽、巳屬巽卦。庚、酉、辛屬兌卦。此十二山。皆無取。如得吉神同臨。亦可用。餘倣此。

按民國十三年甲子。即交中元。當視中元所載之紫、白、為準、逾六十年後。即交下元。當視下元所載之紫、白、為準。周而復始。皆作如是觀也。

歲幹吉神表（開山、立向、修方吉者。）

方位＼歲幹	甲	乙	丙	丁	戊	己	庚	辛	壬	癸
歲德	甲	庚	丙	壬	戊	甲	庚	丙	壬	戊
歲德合	己	乙	辛	丁	癸	己	乙	辛	丁	癸
歲祿	寅	卯	巳	午	巳	午	申	酉	亥	子
陽貴	未	申	酉	亥	丑	子	丑	寅	卯	巳
陰貴	丑	子	亥	酉	未	申	未	午	巳	卯

選吉採原　卷上　八

按曾門經云。歲德者。歲中德神也。所理之地。萬福咸集。衆殃自避。考原云。歲德合者、歲德五合之幹是也。協紀辨方書云。歲德與歲德合並屬上吉。有宜無忌。又云。歲祿者、歲幹臨官方也。有方盛之象。蠡海集云。天乙貴人、有陰陽之分。實得陰陽配合之和。能為吉慶。可解凶厄。此皆歲幹上吉之神。所臨之處。修造、葬埋。莫不大利。

歲幹凶煞表 開山、立向、修方凶者、如叠太歲併五黃、或併月建、則為大凶。

方位＼歲幹	甲	乙	丙	丁	戊	己	庚	辛	壬	癸
戊都天	辰	寅子	戌	申	午	辰	寅子	戌	申	午
己都天	巳	卯丑	亥	酉	未	巳	卯丑	亥	酉	未

協紀辨方書曰。戊己屬土忌動土。猶土王用事忌動土之義。惟戊癸年戊為歲德。甲己年己為歲德合。可以化之。不作凶論。如乙卯年卯山。乙丑年丑山。丙戌年戌山。丁酉年酉山。庚寅年寅山。庚子年子山。辛亥年亥山。壬申年申山。戊己叠太歲。

爲堆黃煞。凶不可制。或與年月五黃併。或與月建併。皆凶。凡修、造、葬埋。萬不可犯。餘年不論到山、到向、到方得紫、白、德合、貴人、祿、馬、解之。仍可用。

按戊己都天。如不併太歲。不併五黃。不併月建即爲次凶。故曰得紫白等解之、可用。惟必須慎重再三。非可孟浪從事也。

歲枝吉神表 開山、立向、修方吉者。

方位＼歲枝	子	丑	寅	卯	辰	巳	午	未	申	酉	戌	亥
歲枝德	巳	午	未	申	酉	戌	亥	子	丑	寅	卯	辰
歲馬	寅	亥	申	巳	寅	亥	申	巳	寅	亥	申	巳
奏書	乾	乾	艮	艮	艮	巽	巽	巽	坤	坤	坤	乾
博士	巽	巽	坤	坤	坤	乾	乾	乾	艮	艮	艮	巽

按神樞經云。歲枝德者、歲中德神也。所理之方。利以與造舉動衆務。又云。驛馬者。驛騎也。宜封贈官爵。召命、公卿。遠行赴任。移徙遷居。協紀辨方書云驛馬、有從年枝取者。有從日枝取者。其義例皆與月同。是歲馬、即年家驛馬也。玩其語氣。其爲

吉神可知。廣聖歷云。奏書者。歲之貴神也。所理之地。宜祭祀求福。營建宮室。修飾垣墻。又云。博士者。歲之善神也。所居之方。利於興修。此皆歲枝上吉之神所臨之處。修造葬埋。必期獲福。

歲枝凶煞表 開山、立向、修方凶者。

方位／歲枝	太歲	歲破	劫煞	災煞	歲煞	伏兵	大禍
子	子	午	巳	午	未	丙	丁
丑	丑	未	寅	卯	辰	甲	乙
寅	寅	申	亥	子	丑	壬	癸
卯	卯	酉	申	酉	戌	庚	辛
辰	辰	戌	巳	午	未	丙	丁
巳	巳	亥	寅	卯	辰	甲	乙
午	午	子	亥	子	丑	壬	癸
未	未	丑	申	酉	戌	庚	辛
申	申	寅	巳	午	未	丙	丁
酉	酉	卯	寅	卯	辰	甲	乙
戌	戌	辰	亥	子	丑	壬	癸
亥	亥	巳	申	酉	戌	庚	辛

假如癸亥年用事。先檢查歲幹吉神表。即知癸亥年歲德到戊山。（戊即中宮。四山無戊巳也。）蓋二十歲德合到癸山。歲祿到子山。陽貴到巳山。陰貴到卯山。凡此五山。皆為吉山。再查歲枝吉神表。即知亥年歲枝德到辰山。歲馬到巳山。奏書到乾山。（戊乾亥）博士到巽山。（辰巽巳）凡此四山。亦為吉山。然後再查歲幹歲枝凶煞表。即知癸年戊都天到午山。巳都天到未山。太歲到亥山。歲破到巳山。劫煞到申山。災煞到酉山。歲煞到戌山。伏兵到庚山。大禍到辛山。凡此九山。皆為凶山。吉凶互較。是巳山雖值陽貴、歲馬。而歲破臨之、凶不可遏。造葬大事。仍不宜用。午山雖值戊都天。而逢歲德。又值九紫。仍為通利。未山雖值巳都天。不叠太歲。不值五黃。得吉化解。亦可用。惟亥山值太歲。中山值劫煞。酉山值災煞。戌山值歲煞。庚山值伏兵。辛山值大禍。例無化解。勿造、勿葬、可也。餘如癸山、子山、卯山、辰山、乾山、巽山。皆為通利。其他各山次之。為空利方。凡修造、葬埋、一切大事。再選吉月吉日吉時、以輔佐之。則獲福徵祥。捷於影響矣。

按神樞經云。太歲人君之象。率領諸神。統鎮方位。斡運時序。總成歲功。以上元閼逢困敦之歲。起建於子。歲徙一位。十二年一週。若國家巡狩省方。出師略地。營造宮闕。開拓封疆。不可向之。黎庶修營宅舍。築壘墻垣。並須迴避。廣聖歷云。歲破者。太歲所衝之辰也。其地不可興造。移徙。遠行。犯者主損財物。及害家長。惟戰伐向之吉。神樞經云。劫煞者。歲之陰氣也。所理之方。忌有興造。犯之。主有劫盜傷殺之事。又云。災煞者。所理之方。不可抵向營造。犯之。主有病患。廣聖歷云。歲煞之地。不可穿鑿、修營、移徙。犯之。主傷子孫六畜。歷例云。伏兵、大禍者。所理之方。忌出兵行師。及修造。犯之、主有兵傷刑戮之咎。此皆歲枝之凶煞。所臨之方。修造。葬埋。務宜迴避。

幹枝正五行

甲、乙、寅、卯屬木。　丙、丁、巳、午屬火。　庚、辛、申、酉屬金。　壬、癸、亥、子屬水。　戊、己、辰、戌、丑、未屬土。

八卦正五行

兌、乾屬金。　坎屬水。　離屬火。　震、巽屬木。　艮、坤屬土。

山向。兌即酉。坎即子。離即午。震即卯。惟乾、坤、艮、巽、在四維入用。乾金、左從亥水。右從戌土。巽木、左從巳火。右從辰土。坤土、左從申金。右從未土。艮土、左從寅木。右從丑土。一應生剋制化。皆以正五行為用。此五行本性也。

五行相剋

金剋木。 木剋土。 土剋水。 水剋火。 火剋金。

六衝

子午衝。 丑未衝。 寅申衝。 卯酉衝。 辰戌衝。 巳亥衝。

如太歲癸亥。而宅長本命丁巳。修造事 或葬者化命及祭主本命丁巳。葬埋事 歲幹癸水剋丁火命。歲枝亥衝巳命。此為天剋地衝。又為旬衝。或癸巳本命。歲幹癸比癸命。歲枝亥衝巳命。此為天比地衝。又為正衝。其凶無匹。即巳命與太歲亥單衝。亦主大凶。經云。太歲衝命最凶。月次之。日又次之。時為輕。此之謂也。其他本命與太歲不衝者。只要山向方道。不犯諸大惡煞。均可選吉用事。俗謂子年子命。丑年丑命。不利動土破土者。非是。至修造、以家長一人為主。家長利、一家自利。葬埋、以化命為主。亡者安、生者自安。再兼看祭主。則更周密矣。其餘之人。皆不必看。即遇有犯衝者。臨時迴避片刻可也。

選月篇

選月大旨

修造葬埋。既查明所用山向。所修方道。合得三元紫、白、等吉神。又不犯諸大惡煞。而宅長本命事（修造）葬者化命。祭主本命事（葬埋）又與太歲不犯衝尅。再選吉月用事。自應攸往咸宜。若年吉月凶。依然不利。月家吉神。如孟仲季之紫白。八節九宮之三奇。天德、天德合、月德、月德合、月空、陽貴人、陰貴人、飛天祿、飛天馬。皆為最重要者。若到山則開山大利。到向則立向大利。到方則修方大利。並能化解一切惡煞。若遇值年太歲、歲破、劫煞、災煞、歲煞、伏兵、大禍、五黃、戊己都天、蠶太歲。仍不可用。月家凶煞。如孟仲季之五黃。月建、月破、月厭、月刑、月害、劫煞、災煞、月煞、皆不宜到山、到向、到方。若與值年諸大凶煞同宮。則動輒得咎。更不宜用。其詳見後。至嫁娶無須擇月。俗書雖有行嫁大小利月、及妨翁姑、妨女父母、妨夫主、妨女身之說。協紀辨方書早經辯闢。茲不贅言其餘各事更無有拘於選月者矣。

月三元九星表

凡紫白到山方者皆吉、五黃皆凶、黑碧綠赤無取、故以大小字別之。

仲年為上元	季年為中元	孟年為下元	正	二	三	四	五	六	七	八	九	十	十一	十二
八白	五黃	二黑	中	乾	兌	艮	離	坎	坤	震	巽	中	乾	兌
九紫	六白	三碧	乾	兌	艮	離	坎	坤	震	巽	中	乾	兌	艮
一白	七赤	四綠	兌	艮	離	坎	坤	震	巽	中	乾	兌	艮	離
二黑	八白	五黃	艮	離	坎	坤	震	巽	中	乾	兌	艮	離	坎
三碧	九紫	六白	離	坎	坤	震	巽	中	乾	兌	艮	離	坎	坤
四綠	一白	七赤	坎	坤	震	巽	中	乾	兌	艮	離	坎	坤	震
五黃	二黑	八白	坤	震	巽	中	乾	兌	艮	離	坎	坤	震	巽
六白	三碧	九紫	震	巽	中	乾	兌	艮	離	坎	坤	震	巽	中
七赤	四綠	一白	巽	中	乾	兌	艮	離	坎	坤	震	巽	中	乾

通書云子午卯酉年為上元。正月八白入中宮。辰戌丑未年為中元。正月五黃入中宮。寅申巳亥年為下元。正月二黑入中宮。俱取九星順飛。其入中之星。每月遞退一位。與年九星同。

假如選用民國十二年癸亥七月。亥為孟年、屬下元。檢查此表下元七月。即知二黑到坤。三碧到震。四綠到巽。五黃到中。六白到乾。七赤到兌。八白到艮。九紫到離。一白到坎。紫白為吉。五黃為凶。黑、碧、綠、赤無取。其義與年家紫白同。若乾、艮、離、坎、四吉方。雖有月建、月厭、月刑、月害。亦不拘忌。再得八節之三奇。及天道、天德等吉神同宮。而又選吉日、吉時、以輔佐之。則妙不可言矣。中宮值五黃、為凶方。慎勿輕犯。其他黑、碧、綠、赤等方無取。如逢吉神同宮。亦可用。餘倣此。

八節三奇表 先查某年幹枝、後查某月節氣、凡乙丙丁三奇所到之山方、皆能制煞、

	甲子 乙奇
立春	艮
春分	震
立夏	巽
夏至	離
立秋	坤
秋分	兌
立冬	乾
冬至	坎

年	奇								
己酉年	丙奇	艮	震	巽	離	坤	兌	乾	坎
	丁奇	離	巽	中	艮	坎	乾	中	坤
乙丑 丙子 丁亥 戊戌 庚戌 辛酉年	乙奇	兌	坤	震	坎	震	艮	兌	離
	丙奇	艮	震	巽	離	坤	兌	乾	坎
	丁奇	離	巽	中	艮	坎	乾	中	坤
丙寅 丁丑 戊子 庚子 辛亥 壬戌年	乙奇	乾	坎	坤	坤	巽	離	艮	艮
	丙奇	兌	坤	震	坎	震	艮	兌	離
	丁奇	艮	震	巽	離	坤	兌	乾	坎
丁卯 戊寅 庚寅 辛丑 壬子 癸亥年	乙奇	中	離	坎	震	中	坎	離	兌
	丙奇	乾	坎	坤	坤	巽	離	艮	艮
	丁奇	兌	坤	震	坎	震	艮	兌	離
戊辰 庚辰	乙奇	巽	艮	離	巽	乾	坤	坎	乾

辛卯年	丙奇	中	離	坎	震	中	坎	離	兌
壬寅 癸丑	丁奇	乾	坎	坤	坤	巽	離	艮	艮
己巳	乙奇	巽	艮	離	巽	乾	坤	坎	乾
年	丙奇	巽	艮	離	巽	乾	坤	坎	乾
甲寅	丁奇	中	離	坎	震	中	坎	離	兌
庚午 辛巳	乙奇	震	兌	艮	中	兌	震	坤	中
壬辰年	丙奇	巽	艮	離	巽	乾	坤	坎	乾
癸卯 乙卯	丁奇	中	離	坎	震	中	坎	離	兌
辛未 壬午	乙奇	坤	乾	兌	乾	艮	巽	震	巽
癸巳年	丙奇	震	兌	艮	中	兌	震	坤	中
乙巳 丙辰	丁奇	巽	艮	離	巽	乾	坤	坎	乾
壬申 癸未	乙奇	坎	中	乾	兌	離	中	巽	震

年	奇								
乙未年 丙午 丁巳	丙奇	坤	乾	兌	乾	艮	巽	震	巽
	丁奇	震	兌	艮	中	兌	震	坤	中
癸酉 乙酉 丙申年 丁未 戊午	乙奇	離	巽	中	艮	坎	乾	中	坤
	丙奇	坎	中	乾	兌	離	中	巽	震
	丁奇	坤	乾	兌	乾	艮	巽	震	巽
甲戌 年 己未	乙奇	離	巽	中	艮	坎	乾	中	坤
	丙奇	離	巽	中	艮	坎	乾	中	坤
	丁奇	坎	中	乾	兌	離	中	巽	震
乙亥 丙戌 丁酉年 戊申 庚申	乙奇	艮	震	巽	離	坤	兌	乾	坎
	丙奇	離	巽	中	艮	坎	乾	中	坤
	丁奇	坎	中	乾	兌	離	中	巽	震
	乙奇	中	離	坎	震	中	坎	離	兌

己卯年	丙奇	中	離	坎	震	中	坎	離	兌
	丁奇	乾	坎	坤	坤	巽	離	艮	艮
甲申年	乙奇	坎	中	乾	兌	離	中	巽	震
	丙奇	坎	中	乾	兌	離	中	巽	震
	丁奇	坤	乾	兌	乾	艮	巽	震	巽
己丑年	乙奇	乾	坎	坤	坤	巽	離	艮	艮
	丙奇	乾	坎	坤	坤	巽	離	艮	艮
	丁奇	兌	坤	震	坎	震	艮	兌	離
甲午年	乙奇	坤	乾	兌	乾	艮	巽	震	巽
	丙奇	坤	乾	兌	乾	艮	巽	震	巽
	丁奇	震	兌	艮	中	兌	震	坤	中
	乙奇	兌	坤	震	坎	震	艮	兌	離

己亥年		甲辰年		
丙奇	丁奇	乙奇	丙奇	丁奇
兌	艮	震	震	巽
坤	震	兌	兌	艮
震	巽	艮	艮	離
坎	離	中	中	巽
震	坤	兌	兌	乾
艮	兌	震	震	坤
兌	乾	坤	坤	坎
離	坎	中	中	乾

通書曰。天上三奇乙丙丁者。出於貴人之幹德。遊行十二枝辰。陽貴順行。則乙德在丑。丙德在寅。丁德在卯。三幹之德。相聯而無間斷。陰貴逆行。則乙德在未。丙德在午。丁德在巳。三幹之德。亦相聯而無間斷。以其隨貴人在天。故謂之天上三奇。能制煞發祥。餘如戊、己、庚、辛、壬、癸。隨貴人所涉。或間羅網。或間天空。皆不相聯也。

宗鏡曰。八節三奇。從八節本宮起甲子。冬至起坎。立春起艮。春分起震。立夏起巽。此為陽遁。俱從甲子順飛九宮。夏至起離。立秋起坤。秋分起兌。立冬起乾。此為陰遁。俱從甲子逆飛九宮。尋見本年太歲所泊之宮。便於其宮起本年虎遁。依八節順逆。飛尋三奇分布取用。如庚申年冬至節用事。從坎一宮起甲子。順飛九宮。尋見太歲庚申在震三宮。庚年五虎遁得戊寅。便從震三宮起戊寅。亦順飛九宮。乙酉在坎一丙戌在坤二丁亥在震三。即庚申年冬至節。乙奇在坎丙奇在坤丁奇在震也。修作到山到方。主進田產。生貴子。旺財帛。

假如癸亥年用事。檢查此表。即知立春後。春分前。乙奇到中宮。丙奇到乾山。丁奇到兌山。春分後。立夏前。乙奇到離山。丙奇到坎山。丁奇到坤山。立夏後。夏至前。乙奇到坎山。丙奇到坤山。丁奇到震山。夏至後。立秋前。乙奇到震山。丙奇到坤山。丁奇到坎山。立秋後。秋分前。乙奇到中宮。丙奇到巽山。丁奇到震山。秋分後。立冬前。乙奇到坎山。丙奇到離山。丁奇到艮山。立冬後。冬至前。乙奇到離山。丙奇到艮山。丁奇到兌山。冬至後。立春前。乙奇到兌山。丙奇到艮山。丁奇到離山。如在是年立秋後。秋分前。修造葬埋。則中宮得乙奇。巽山得丙奇。（辰巽巳三山）震山得丁奇。（甲卯乙三山）皆為吉山。儘可選吉用事。間有月建、月厭、月刑、月害、同宮。亦可化凶為吉。楊筠松云。三奇諸德能降煞。吉制凶神發福多。此之謂也。

月幹吉神表

開山、立向、修方吉者。

月	天道	天德	天德合	月德	月德合	月空
正	南	丁	壬	丙	辛	壬
二	西南	坤		甲	己	庚
三	北	壬	丁	壬	丁	丙
四	西	辛	丙	庚	乙	甲
五	西北	乾		丙	辛	壬
六	東	甲	己	甲	己	庚
七	北	癸	戊	壬	丁	丙
八	東北	艮		庚	乙	甲
九	南	丙	辛	丙	辛	壬
十	東	乙	庚	甲	己	庚
十一	東南	巽		壬	丁	丙
十二	西	庚	乙	庚	乙	甲

陽貴人表

開山、立向、修方吉者。

月	甲年	乙年
正	坎	坤
二	離	坎
三	艮	離
四	兌	艮
五	乾	兌
六	中	乾
七	坎	中
八	離	坎
九	艮	離
十	兌	艮
十一	乾	兌
十二	中	乾

丙年	震	坤	坎	離	艮	兌	乾	中	坎	離	艮	兌
丁年	中	巽	震	坤	坎	離	艮	兌	乾	中	坎	離
戊庚年	兌	乾	中	巽	震	坤	坎	離	艮	兌	乾	中
己年	乾	中	巽	震	坤	坎	離	艮	兌	乾	中	坎
辛年	中	坎	離	艮	兌	乾	中	巽	震	坤	坎	離
壬年	乾	中	坎	離	艮	兌	乾	中	巽	震	坤	坎
癸年	艮	兌	乾	中	坎	離	艮	兌	乾	中	巽	震

陰貴人表（開山、立向修方吉者。）

方位 / 月	正	二	三	四	五	六	七	八	九	十	十一	十二
甲年	兌	乾	中	巽	震	坤	坎	離	艮	兌	乾	中
乙年	乾	中	巽	震	坤	坎	離	艮	兌	乾	中	坎
丙年	中	巽	震	坤	坎	離	艮	兌	乾	中	坎	離

丁年	戊庚年	己年	辛年	壬年	癸年
震	坎	坤	離	艮	乾
坤	離	坎	艮	兌	中
坎	艮	離	兌	乾	坎
離	兌	艮	乾	中	離
艮	乾	兌	中	坎	艮
兌	中	乾	坎	離	兌
乾	坎	中	離	艮	乾
中	離	坎	艮	兌	中
坎	艮	離	兌	乾	巽
離	兌	艮	乾	中	震
艮	乾	兌	中	巽	坤
兌	中	乾	巽	震	坎

飛天祿表

開山、立向、修方吉者。

方位／月	甲年	乙年	丙戊年	丁己年
正	中	乾	艮	離
二	坎	中	兌	艮
三	離	坎	乾	兌
四	艮	離	中	乾
五	兌	艮	坎	中
六	乾	兌	離	坎
七	中	乾	艮	離
八	巽	中	兌	艮
九	震	巽	乾	兌
十	坤	震	中	乾
十一	坎	坤	巽	中
十二	離	坎	震	巽

	正	二	三	四	五	六	七	八	九	十	十一	十二
庚年	坤	坎	離	艮	兌	乾	中	坎	離	艮	兌	乾
辛年	震	坤	坎	離	艮	兌	乾	中	坎	離	艮	兌
壬年	中	巽	震	坤	坎	離	艮	兌	乾	中	坎	離
癸年	乾	中	巽	震	坤	坎	離	艮	兌	乾	中	坎

飛天馬（開山、立向、修方吉者。）

方位＼月	正	二	三	四	五	六	七	八	九	十	十一	十二
申子辰年	中	坎	離	艮	兌	乾	中	巽	震	坤	坎	離
巳酉丑年	中	巽	震	坤	坎	離	艮	兌	乾	中	坎	離
寅午戌年	坤	坎	離	艮	兌	乾	中	坎	離	艮	兌	乾
亥卯未年	艮	兌	乾	中	坎	離	艮	兌	乾	中	巽	震

按乾坤寶典云。天道者、天之元陽。順理之方也。其地宜興舉衆務。向之上吉。又云。天德者、天之福德也。所理之方。可以興土功。營造室。天寶歷云。天德合者、合德之神。所理之方。宜營構宮室。修築城垣。又云。月德者、月之德神也。取土修宮。宜向其方。五行論云。月德合者。五行之精。符會為合也。所理之地。衆惡皆消。百福並集。利以出師命將。上冊受封。祠祀星辰。營建宮室。天寶歷云。月空者、月中之陽辰也。所理之日。宜設籌謀。陳計策。玩其語氣、所理之方。必主清泰。選擇宗鏡云、祿、馬、貴人。山方皆吉。通書云。馬到山頭人富貴。祿到山頭旺子孫。若逢祿馬一同到。千祥百福自駢臻。此皆月幹上吉之神所臨之處。修、造、葬埋。均可如意。

月枝凶煞表 開山、立向、修方凶者。

方位　月	正	二	三	四	五	六	七	八	九	十	十一	十二
月建 小時 土府	寅	卯	辰	巳	午	未	申	酉	戌	亥	子	丑
月破 大耗	申	酉	戌	亥	子	丑	寅	卯	辰	巳	午	未
月厭 地火	戌	酉	申	未	午	巳	辰	卯	寅	丑	子	亥

月刑	巳	子	辰	申	午	丑	寅	酉	未	亥	卯	戌
月害	巳	辰	卯	寅	丑	子	亥	戌	酉	申	未	午
劫煞	亥	申	巳	寅	亥	申	巳	寅	亥	申	巳	寅
災煞天火	子	酉	午	卯	子	酉	午	卯	子	酉	午	卯
月煞月虛	丑	戌	未	辰	丑	戌	未	辰	丑	戌	未	辰

假如選用正月。檢查吉神表。卽知天道南行。天德到丁。天德合到壬。月德到丙。月德合到辛。月空到壬。如是甲年正月。陽貴人到坎。陰貴人到兌。飛天祿到中宮。如是子年。飛天馬又到中宮。是南方、與丁、壬、丙、辛、坎、兌、中宮等方皆為最吉。再查正月凶煞表。月建到寅。月破到申。月厭到戌。月刑到巳。月害亦到巳。劫煞到亥。災煞到子。月煞到丑。雖天道南行為吉方。值月刑、月害之巳。則減力矣。月厭、月刑、月害、為中煞、吉可化之、故曰減力、陽貴到坎、亦為吉方。值亥子丑月家三煞。則無功矣。月破、劫煞、災煞、月煞、為大煞、吉不能制、故曰無功、除卻天道之南。陽貴之坎。其餘丁、壬、丙、辛、兌中宮等吉方。皆不與

月家凶煞同宮。如再不犯值年最惡之煞。而又與值年吉神、及月三元之紫白、八節之三奇同宮。無論修造葬埋。均可獲福。寅、申、戌、巳、亥、子、丑七凶方。雖同忌修造動土葬埋。破土而以月破、劫煞、災煞、月煞為最凶。例無制法。若月建、月厭、月刑、月害等方。得紫白三奇、德合、祿馬、諸吉神同宮。或得吉日以化解之。仍可用事。

按以上僅就月家吉凶神煞。互相比較言之。是丁、壬、丙、辛、兌中宮皆為吉方。若再以值年甲子衡之。丁為大禍。丙為伏兵。則一年不能造葬。違論正月乎。特誌數語。以告閱者。幸毋忽也。

按月家劫、災、月、三煞。與年家劫、災、歲、三煞同。月破與歲破同。此皆月枝大凶之煞。所臨之方。修造葬埋。萬不可犯。月建雖為凶煞。然經有太歲可坐之明文。太歲、既可坐。月建亦未嘗不可坐。惟必須坐之得法耳。若月厭、月刑、月害。並不大凶。因協紀辨方書月表詳載。故本書亦備列之。其實得吉神化解。斷無妨害。

選日篇

選日大旨

修造。動土豎柱上梁葬埋。破土、啓攢、安葬雖得吉山、吉向、吉年、吉月。若無吉日輔佐。猶鳥之無翼。舟之無帆。豈能翺翔霄漢。容與中流。即祭祀、祈福、求嗣、入學、上官、赴任。結婚姻、嫁娶、移徙、安床、開市、立券、交易、栽種、牧養等事。雖不選年月。若無吉日輔佐。豈能上迓天庥。下膺景福。曲禮云。外事用剛日。內事用柔日。日之時義大矣哉。本編謹遵協紀辨方書。從夏正順時令。按立春後為正月。寅日起建。驚蟄後為二月。卯日起建。清明後為三月。辰日起建。立夏後為四月。巳日起建。芒種後為五月。午日起建。小暑後為六月。未日起建。立秋後為七月。申日起建。白露後為八月。酉日起建。寒露後為九月。戌日起建。立冬後為十月。亥日起建。大雪後為十一月。子日起建。小寒後為十二月。丑日起建。建、除、滿、平、定、執、破、危、成、收、開、閉。十二枝咸備。每枝分五幹。六十甲子咸備。凡吉神多者。應宜各事。逐日註明。凶煞多者。應忌各事。概不列入。其有大凶之日。只註一概不取。或諸事不宜。綱舉目張。瞭如指掌。選吉者只須將萬年歷書。或每年新時憲書。先行檢查。看其交節之日。值何幹枝。過立春節為正月。驚蟄節為二月之類。如遇閏月。亦以交節日時為主。如正月初十日壬午立春。則從正月午日值定查起。看壬午該宜何事。

即知利於何事。某月、某日、某幹枝值建。某幹枝值除。以次順排。周而復始。則某日宜某事。某日不宜某事。不假思索。一望可知。然有是日雖註宜修造動土、竪柱上梁。宜破土安葬、啓攢。宜結婚姻、嫁娶。宜入學上官赴任。宜開市立券、交易。而竟不能用。用之必不祥者。蓋別有說焉。茲分類言之。

選修造動土竪柱上梁破土安葬啟攢之日法

造須動土。葬須破土。此二事關係重大。不容忽略。必須將所用山向。詳細考究。如犯本山坐三煞日。或衝山日。雖月表註宜。亦斷不能用。如亥山、壬山、子山、癸山、丑山、正五行皆屬水。通天竅云。水之位、煞在南方巳午未。忌用寅、午、戌、坐三煞日。又忌用衝山日。（如亥山巳日、子山午日、未山丑日之類。）若不知此而誤犯之。積善之家。雖或不至爲害。然而凶煞險危。不可不慎也。年月時亦然。餘倣此。

按通天竅云。寅、午、戌日。火之位。（寅午戌年月時亦如是論。）煞在北方亥子丑。凡亥、壬、子、癸、丑、等山爲犯三煞。俱忌用。亥卯未日。木之位。煞在西方申酉戌。凡申、庚、酉、辛、戌、等山。爲犯三煞。俱忌用。申子辰日。水之位。煞在南方巳午未。凡巳、丙、午、丁、未、等山。爲犯三煞。俱忌用巳酉丑日金之位。煞在東方寅卯辰。凡寅、甲、卯、乙、辰等山。為犯三煞。俱忌用。其義與亥壬子癸丑五水山忌用寅午戌坐三煞相同。然此猶言大概。如欲明吉凶悔吝之道。生尅制化之理者。仍須參觀本編利用篇。

如所選修造葬埋之日。獨不註宜動土、破土。可擇前數日或旬日。註宜動土、破土者用之。如僅爲蓋屋。而不動土。僅爲厝柩、而不破土者。坐三煞年月日時。概不拘忌。若衝山日。總宜不用。

如所選之日雖不坐三煞、不衝山。而竟爲宅主本命、修造葬者化命、祭主本命之命破、旬衝、正衝、天罡四旺煞、寸土無光、劫煞、災煞、歲煞者。仍不宜用。宅長祭主、皆不忌寸土無光。惟化命忌之。否則吉祥未至。凶禍隨之。可不慎哉。茲特列表於左。俾可查避。

本命凶煞幹枝表、寸土無光、惟葬者化命忌之、祭主不論、餘事更不論、

	命破	劫煞	災煞	歲煞	天罡四殺	旬衝	正衝	寸土無光
甲子命	庚午	己巳	庚午	辛未	未	庚午	甲午	戊午
乙丑	癸未	戊寅	己卯	庚辰	辰	辛未	乙未	己未

丙寅	丙申	己亥	庚子	辛丑	丑	壬申	丙申	甲申
丁卯	己酉	戊申	己酉	庚戌	戌	癸酉	丁酉	乙酉
戊辰	壬戌	丁巳	戊午	己未	未	甲戌	戊戌	庚戌
己巳	乙亥	丙寅	丁卯	戊辰	辰	乙亥	己亥	辛亥
庚午	戊子	丁亥	戊子	己丑	丑	丙子	庚子	壬子
辛未	辛丑	丙申	丁酉	戊戌	戌	丁丑	辛丑	癸丑
壬申	壬寅	乙巳	丙午	丁未	未	戊寅	壬寅	丙寅
癸酉	乙卯	甲寅	乙卯	丙辰	辰	己卯	癸卯	丁卯
甲戌	戊辰	乙亥	丙子	丁丑	丑	庚辰	甲辰	壬辰
乙亥	辛巳	甲申	乙酉	丙戌	戌	辛巳	乙巳	癸巳
丙子	甲午	癸巳	甲午	乙未	未	壬午	丙午	庚午
丁丑	丁未	壬寅	癸卯	甲辰	辰	癸未	丁未	辛未

	命破	劫煞	災煞	歲煞	天罡四殺	旬衝	正衝	寸土無光
戊寅命	庚申	癸亥	甲子	乙丑	丑	甲申	戊申	庚申
己卯	癸酉	壬申	癸酉	甲戌	戌	乙酉	己酉	辛酉
庚辰	丙戌	辛巳	壬午	癸未	未	丙戌	庚戌	甲戌
辛巳	己亥	庚寅	辛卯	壬辰	辰	丁亥	辛亥	乙亥
壬午	壬子	辛亥	壬子	癸丑	丑	戊子	壬子	甲子
癸未	乙丑	庚申	辛酉	壬戌	戌	己丑	癸丑	乙丑
甲申	丙寅	己巳	庚午	辛未	未	庚寅	甲寅	戊寅
乙酉	己卯	戊寅	己卯	庚辰	辰	辛卯	乙卯	己卯
丙戌	壬辰	己亥	庚子	辛丑	丑	壬辰	丙辰	戊辰
丁亥	乙巳	戊申	己酉	庚戌	戌	癸巳	丁巳	己巳
戊子	戊午	丁巳	戊午	己未	未	甲午	戊午	丙午

己丑	辛未	丙寅	丁卯	戊辰	辰	乙未	己未	丁未
庚寅	甲申	丁亥	戊子	己丑	丑	丙申	庚申	壬申
辛卯	丁酉	丙申	丁酉	戊戌	戌	丁酉	辛酉	癸酉
壬辰	庚戌	乙巳	丙午	丁未	未	戊戌	壬戌	丙戌
癸巳	癸亥	甲寅	乙卯	丙辰	辰	己亥	癸亥	丁亥
甲午	丙子	乙亥	丙子	丁丑	丑	庚子	甲子	戊子
乙未	己丑	甲申	乙酉	丙戌	戌	辛丑	乙丑	己丑
丙申	庚寅	癸巳	甲午	乙未	未	壬寅	丙寅	甲寅
丁酉	癸卯	壬寅	癸卯	甲辰	辰	癸卯	丁卯	乙卯
戊戌	丙辰	癸亥	甲子	乙丑	丑	甲辰	戊辰	庚辰
己亥	己巳	壬申	癸酉	甲戌	戌	乙巳	己巳	辛巳
庚子	壬午	辛巳	壬午	癸未	未	丙午	庚午	壬午

	命破	劫煞	災煞	歲煞	天罡四殺	旬衝	正衝	寸土無光
辛丑命	乙未	庚寅	辛卯	壬辰	辰	丁未	辛未	癸未
壬寅	戊申	辛亥	壬子	癸丑	丑	戊申	壬申	丙申
癸卯	辛酉	庚申	辛酉	壬戌	戌	己酉	癸酉	丁酉
甲辰	甲戌	己巳	庚午	辛未	未	庚戌	甲戌	壬戌
乙巳	丁亥	戊寅	己卯	庚辰	辰	辛亥	乙亥	癸亥
丙午	庚子	己亥	庚子	辛丑	丑	壬子	丙子	庚子
丁未	癸丑	戊申	己酉	庚戌	戌	癸丑	丁丑	辛丑
戊申	甲寅	丁巳	戊午	己未	未	甲寅	戊寅	庚寅
己酉	丁卯	丙寅	丁卯	戊辰	辰	乙卯	己卯	辛卯
庚戌	庚辰	丁亥	戊子	己丑	丑	丙辰	庚辰	甲辰
辛亥	癸巳	丙申	丁酉	戊戌	戌	丁巳	辛巳	乙巳

	命破	劫煞	災煞	歲煞	天罡四殺	旬衝	正衝	寸土無光
壬子	丙午	乙巳	丙午	丁未	未	戊午	壬午	甲午
癸丑	己未	甲寅	乙卯	丙辰	辰	己未	癸未	乙未
甲寅	壬申	乙亥	丙子	丁丑	丑	庚申	甲申	戊申
乙卯	乙酉	甲申	乙酉	丙戌	戌	辛酉	乙酉	己酉
丙辰	戊戌	癸巳	甲午	乙未	未	壬戌	丙戌	戊戌
丁巳	辛亥	壬寅	癸卯	甲辰	辰	癸亥	丁亥	己亥
戊午	甲子	癸亥	甲子	乙丑	丑	甲子	戊子	丙子
己未	丁丑	壬申	癸酉	甲戌	戌	乙丑	己丑	丁丑
庚申	戊寅	辛巳	壬午	癸未	未	丙寅	庚寅	壬寅
辛酉	辛卯	庚寅	辛卯	壬辰	辰	丁卯	辛卯	癸卯
壬戌	甲辰	辛亥	壬子	癸丑	丑	戊辰	壬辰	丙辰

癸亥

丁巳
庚申
辛酉
壬戌
戊
己巳
癸巳
丁巳

按命破。即五虎遁枝衝者。如甲子命起丙寅。順數至庚午日。與命相衝是也。劫煞。災煞。歲煞。即本命地枝絕、胎、養所臨者。如子命屬水。水長生居申。以次順排。則絕居巳。胎居午。養居未。故子命以巳為劫煞。午為災煞。未為歲煞也。欲知三者所乘之幹。再用五虎遁法。如甲子命。起丙寅順數。至己巳為劫煞。庚午為災煞。辛未為歲煞是也。天罡四旺煞。即本命歲煞論枝不論幹。如子命未。丑命辰是也。旬衝。即本命之幹尅枝衝者。如甲子命庚午日。庚金尅甲木。子午相衝是也。正衝。即本命之幹比枝衝者。如甲子命甲午日。甲與甲比。子午相衝是也。寸土無光。即本命納音受尅。地枝相衝者。如甲子命、納音屬金。戊午日、納音屬火。火能尅金。子午相衝是也。詳覯上列之表。則瞭然矣。

選結婚姻嫁娶之日法

結婚姻。即納采行聘之類。嫁娶。即親迎入贅之類。此皆與造葬之動土破土者不同。

凡值年值月惡煞。均可不論。若本命應忌之凶煞。如命破、旬衝、正衝、天罡四旺煞、劫煞、災煞、歲煞、皆須逐一查避。若誤犯之。多不安詳。每見有同月、同日、結婚姻、嫁娶之人。一則夫婦和諧。嗣續日盛。一則夫婦怨謫。嗣續不昌。此何故耶。蓋月日雖同。主命各別。有犯惡煞者有合吉神者。故其徵驗亦種種不同。本編不厭求詳。特載本命凶煞幹枝表。使選吉者按圖索驥。某命犯某煞。某命不犯某煞。亦即古人選日必詳觀本命之微意也。若值事人、志在某月舉行婚嫁。即檢查本編某月月表。一月三十日。註宜結婚姻、宜嫁娶者計有幾日。然後再將上列本命凶煞表詳細檢查擇其與當婚男女本命。一切不犯者用之。（惟不忌寸土無光）其他眷屬之命。不必如此。只避枝衝。則盡善盡美矣。至嫁娶周堂。（結婚姻者不論）協紀辨方書、並未删去。而欽天監時憲通書。逐年具載。世俗亦避忌惟謹。必須照例檢查其值夫值婦者。斷不可用。若值翁、值姑、囑其於新人入門時。迴避片刻。翁姑已逝者不忌。若喜神方實有至理。百事迎之大吉。備錄、以供參考。

嫁娶周堂之圖

姑堂翁　凡選擇嫁娶日。大月、從夫向姑順數。小月、
夫　第　從婦向竈逆數。擇第堂廚竈日用之。如遇
廚婦竈　翁姑。而無翁姑者不忌。否則暫避亦可。

按協紀奏議篇云。嫁娶周堂原無甚義理。而載在時憲書。民俗便安。遵行已久。應將莊親王等奏請刪去之處。無庸議。觀此、可知嫁娶周堂並未刪去。不甯惟是。即考之清代逐年時憲書。凡值夫值婦日。雖有吉星照臨。從無註宜嫁娶字樣者。其避忌惟謹。概可想見。其他周堂名目殊多。實無義理、置而不論可也。

喜神方 百事迎之大吉

甲己日東北方　乙庚日西北方　丙辛日西南方
丁壬日正南方　戊癸日東南方

考原曰。物以相見為喜。易傳曰。相見乎離。離、南方之卦也。於五行為火。於十幹為丙。遁見丙幹所到之方。如甲己日。遁得丙寅。寅隸艮方。故艮為喜神。餘倣此。

選入學上官赴任開市立券交易之日法

造葬因動土、破土關係。忌年月惡煞。又忌本命惡煞。嫁娶固忌本命惡煞。又忌周堂值夫值婦等日。入學、（不忌本命三煞餘均忌）上官赴任、開市、立券、交易。雖不如此。亦須檢查本編。某月某日註宜某事。擇其註宜之日。與值事人本命相生相合。然後再檢查上列主命惡煞表。擇其一切不犯者用之。則事半功倍。左右逢源矣。

選祭祀祈福求嗣移徙安床栽種牧養之日法

祭祀、祈福、栽種、牧養。只論值事人本命。求嗣、移徙、安床、須論夫婦本命。總之、先查本編某月某日註宜某事。擇其與本命生合有情。而不犯一切惡煞者。即可用之。（惟祭祀不忌本命三煞餘均忌、）

選時篇

選時大旨

通書云。年吉不如月吉。月吉不如日吉。日吉不如時吉。蓋年為根本。月為枝葉。日為華茂。時為結實。故選時當與年月日並重。稍一不慎。則全璧生瑕。何吉之有哉。大要須與宅長本命。應用方向。（修造）葬者化命。祭主本命。應用山向。（葬埋）當婚男女本命。（嫁娶）值事人本命。（祭祀等事）生扶拱合。而又必須與所選之日。幹枝比和。或聯爲一氣。或爲日幹五合、長生、祿元貴人。或爲日建、及日枝三合、驛馬。乃爲盡美。如所選之時。爲貴登天門。而又不犯刑衝尅害，則獲福之優。可操左劵矣。如所選之時幹、尅日幹者。爲五不遇、時枝、衝日枝者。爲日破。皆主大凶。五不遇、如與所選年月日三處相應。亦可用。日破、則斷不能用。衝坐山者亦凶。衝歲君月令者、大事切忌。小事從權不拘。其餘時家吉凶神煞。不必固執。至貴人登天門時。四大吉時。皆以中氣爲主。列表於後。宜細覽之。

年上起月

甲、已年。正月起丙寅。　乙、庚年。正月起戊寅。　丙、辛年。正月起庚寅。

丁、壬年。正月起壬寅。　戊、癸年。正月起甲寅。

年上起月者。如甲年、已年。選用正月、卽爲丙寅。二月、卽爲丁卯。三月、卽爲戊辰。餘倣此。

日上起時

甲、己日。起甲子時。乙、庚日。起丙子時。丙、辛日。起戊子時。
丁、壬日。起庚子時。戊、癸日。起壬子時。

日上起時者。如甲日、己日、選用子時、即為甲子。丑時、即為乙丑。寅時、即為丙寅。餘倣此。

幹合

甲己合土。　乙庚合金。　丙辛合水。　丁壬合木。　戊癸合火。

枝合（枝衛見前）

子丑合土。　寅亥合木。　卯戌合火。　辰酉合金。　巳申合水。　午未合。（午太陽　未太陰）

三合

申子辰合水。　巳酉丑合金。　寅午戌合火。　亥卯未合木。

幹合者。甲日巳時。乙日庚時之類。枝合者子日丑時。寅日亥時之類。三合者。申日子時、辰時。子日辰時、甲時。辰日申時、子時之類。

日建

子日子時。丑日丑時。寅日寅時之類。

驛馬

申子辰日在寅。　巳酉丑日在亥。　寅午戌日在申。　亥卯未日在巳。

驛馬者。申日、子日、辰日俱寅時。巳日、酉日、丑日俱亥時之類。惟寅、申、巳、亥日之驛馬。皆值日破。有凶無吉。萬不可用。

長生祿元貴人表

時枝／日幹	甲	乙	丙	丁	戊	己	庚	辛	壬	癸
長生	亥	午	寅	酉	寅	酉	巳	子	申	卯
祿元	寅	卯	巳	午	巳	午	申	酉	亥	子
貴人	未丑	申子	酉亥	亥酉	丑未	子申	丑未	寅午	卯巳	巳卯

長生者甲日亥時。乙日午時之類。祿元者。甲日寅時。乙日卯時之類。貴人者。甲日未時、丑時。乙日申時、子時之類。

貴登天門時表

	甲日陽貴	甲日陰貴	乙日陽貴	乙日陰貴	丙日陽貴	丙日陰貴	丁日陽貴	丁日陰貴	戊庚日陽貴	戊庚日陰貴	己日陽貴	己日陰貴	辛日陽貴	辛日陰貴	壬日陽貴	壬日陰貴	癸日陽貴	癸日陰貴
雨水	卯	酉		戌		亥		丑	酉	卯		寅	申		未		巳	
春分				酉		戌		子	申	寅	酉	丑	未	卯	午		辰	
穀雨							酉	亥	未	丑	申	子	午	寅	巳		卯	
小滿					戌		申	戌	午	子	未	亥	巳	丑	辰	寅	寅	
夏至			戌		酉		未		巳	亥	午	戌	辰	子	卯	丑		
大暑			酉		申		午		辰	戌	巳		卯	亥	寅	子		寅
處暑	酉		申		未		巳		卯	酉	辰			戌		亥		丑
秋分	申	寅	未	卯	午		辰				卯			酉		戌		子
霜降	未	丑	午	寅	巳	卯	卯									酉	酉	亥
小雪	午	子	巳	丑	辰	寅											申	戌
冬至	巳	亥	辰	子		丑		卯				辰					未	酉
大寒	辰	戌	卯	亥		子		寅				卯			申		午	申

貴登天門時。乃時之最善者。能解諸凶。如雨水後、甲日陽貴卯時。陰貴酉時。春分後、乙日無陽貴。只有陰貴酉時之類。

四大吉時表（四大吉時、亦時之最善者、能解諸凶。）

雨水後	甲、丙、庚、壬時。即卯、午、酉、子時初刻。
春分後	艮、巽、坤、乾時。即寅、巳、申、亥時初刻。
穀雨後	癸、乙、丁、辛時。即丑、辰、未、戌時初刻。
小滿後	甲、丙、庚、壬時。即卯、午、酉、子時初刻。
夏至後	艮、巽、坤、乾時。即寅、巳、申、亥時初刻。
大暑後	癸、乙、丁、辛時。即丑、辰、未、戌時初刻。
處暑後	甲、丙、庚、壬時。即卯、午、酉、子時初刻。
秋分後	艮、巽、坤、乾時。即寅、巳、申、亥時初刻。
霜降後	癸、乙、丁、辛時。即丑、辰、未、戌時初刻。
小雪後	甲、丙、庚、壬時。即卯、午、酉、子時初刻。

冬至後	艮、巽、坤、乾時。即寅、巳、申、亥時初刻。
大寒後	癸、乙、丁、辛時。即丑、辰、未、戌時初刻。

按貴登天門時。四大吉時。每月不同。皆以中氣為主。中氣者何。正月雨水。二月春分。三月穀雨。是也。如在雨水前選吉。作大寒後論貴登天門時。即甲日辰戌時。乙日卯亥時。四大吉時。即癸、乙、丁、辛時。如在雨水後選吉貴登天門時。甲日始為卯酉時。乙日始為戌時。四大吉時。始為甲丙、庚、壬時。約言之。中氣前以上月論。中氣後以本月論。庶無差誤。

三刑

子刑卯。　卯刑子。　寅刑巳。　巳刑申。　申刑寅。　丑刑戌。　戌刑未。　未刑丑。

辰刑辰。　午刑午。　酉刑酉。　亥刑亥。

六害

子未害。　丑午害。　寅巳害。　卯辰害。　申亥害。　酉戌害。

三刑者。如子日卯時。卯日子時之類。六害者。子日未時。未日子時之類。然此不過小疵。得年月合之。即可化解。如與本命相合。尤不拘忌。若時與日衝。雖合無益也。

五行相生（五行相尅見前）

金生水。　水生木。　木生火。　火生土。　土生金。

五行陰陽生尅定名

甲、丙、戊、庚、壬為陽幹。　乙、丁、己、辛、癸為陰幹。

子、寅、辰、午、申、戌為陽枝。　丑、卯、巳、未、酉、亥為陰枝。

我比者。為比肩、比劫。　我尅者。為正財、偏財。

尅我者。為正官、七殺。　生我者。為正印、偏印。

我生者。為傷官、食神。

陽見陰。陰見陽。為比劫、正財、正官、正印、傷官。

陽見陽。陰見陰。為比肩、偏財、七殺、偏印、食神。

五行相生者。如甲日屬木。選用癸酉時。是時幹癸水。生日幹甲木。即為生我。曰正印。時枝酉金。尅日幹甲木。卽為尅我。曰正官。戊日屬土。選用壬子時。是日幹戊土。尅時幹壬水。又尅時枝子水。卽為我尅。曰偏財正財。餘倣此。詳見命理探原

按選吉之道。宜旺相得令。忌休因無氣。而日幹尤重。日之吉凶。全看衰旺。日之衰旺。全看月令。當令者旺。受生者相。皆大吉。尅月令者因。受尅於月令者死。皆凶。日生月令者休。亦不為吉。至於生我、比我、我尅、三者。如是吉神。固為大吉。卽是凶煞。亦不為禍。若尅我、我生、二者。雖是吉神。亦不助福。如為凶煞。其害可知。此言大綱。若夫輕重取舍。又當統觀年、月、日、時、八字以衡之。非吉凶宜忌之所能盡。神而明之。存乎其人耳。

又按修造、以坐山為我。宅長本命亦為我。葬埋、以坐山為我。化命及祭主本命亦為我。嫁娶、以乾坤二造為我。餘均以值事人本命為我。知我之五行何屬。則知生我、比我、我尅、三者、何從。尅我、我生、二者、何去。此又一說也。選吉者宜細玩之。

利用篇

論造葬不同

造葬二者。乃選擇大端。不可不慎。慎之如何。曰、合造命之體用而已。然豎造與葬地。亦略不同。葬以補龍爲主。而山向亡命次之。造以山向主命爲重。而補龍次之。蓋葬乘生氣。生氣旺、而體自熾。雖山向與亡命。不甚全利。亦無妨也。若修造。則斧斤震動。且曠日持久。倘山向不空。主命受剋。未可妄議興舉。況八宅禍福。皆論坐山乎。

按造葬不同。固當鑒別。而造與葬。亦有難易之殊焉。蓋造之爲期長。葬之爲期短也。果能明乎八宅禍福。皆論坐山之理。則造亦不難。況葬之易者耶。坐山者何。即主屋也。若坐山不明。雖欲避凶。亦茫無從著手。更何能趨吉耶。修方篇云。要在相其形勢。取其尊者爲主。以臨四方。斯言誠爲論定坐山之要訣。不獨辨修方者。所當知也。凡造屋、不論爲一進、二進。以至九進、十進等。皆以形勢較高者爲主屋。如主屋、爲坐北朝南之壬山丙向。則壬山、即坐山也。辨年、月、日、時、吉凶宜忌。只以壬山爲主。至於大門、二門、後門、或爲坐西朝東之庚甲。或爲坐東朝西之甲庚。或爲坐南朝北之丙壬。一概置之不論。否則顧後瞻前。左支右絀。安有造屋之期耶。

論補龍 造葬同

邱平甫曰。先觀風水定其蹤。次看年月要相同。吉凶合理參元妙。好向山家見旺龍。先言先擇吉地、次擇吉年月日時以補龍、乃千古不易之論。凶。

凡造龍不論。只以到穴之小脈為主。以正五行論生尅。四柱生扶之則吉。尅洩之則凶。

凡山谷陰地。聳起開窩者。近穴止有圓毬。並無小脈。圓毬若闊。非脈也。宜於山後峰腰處審而補之。

按先審其為何龍。而後擇吉補之。精密極矣。

凡省城府縣。非午向則丙丁向。其午向者必壬子癸龍也。其丙丁向者必亥艮龍也。正脈已結衙署矣。民居或東或西皆脈上枝分橫來者。不知屬何五行。只以補坐山為主。舍此則皆補脈。而陰地尤緊。蓋葬乘一綫之生氣也。

凡龍氣之衰旺。全看月令。故補龍者。必於長生月。臨官月。帝旺月。或墓庫月。俱吉。蓋丑中有辛金。未中有乙木。辰中有癸水。戌中有丁火。四墓月仍旺。而非衰也。

凡補龍全在四柱地枝。蓋天幹氣輕。地枝力重也。有以地枝一氣補者。如卯龍用四卯之類。或取四生。或取四旺。皆極妙。惟不用四墓。但地枝一氣。必十餘年始一遇。又或月家、日家、山向不空。主命未利。其可強為乎。不若三合局之活動易取也。如生旺墓三月內。凶神占方。則臨官月亦可。名三合兼臨官局。否則三合字不必全。二字亦可。

古人造葬八字。多以地枝補龍。天幹補主命。或與命幹比肩一氣。或合官。或合財。或合祿馬貴人。又或天幹合命。祿馬貴人到山、或到向。而地枝又補龍脈。則上上吉課也。

凡三合補龍。有取比肩以助之者。曰旺局。有取印綬以生之者、曰相局。如龍雄帶煞者。宜用財局。不補亦不洩也。至洩氣局則凶。尅煞局則更凶矣。

唐一行禪師宋託長老。皆以四柱納音補龍。昔託長老為豐城黃氏葬墓。戌龍、得甲戌火龍入穴作辛山乙向。用庚寅年木音壬午月木音戊午日火音己未時火音下葬。是以木音生之。火音助之也。故其言曰。造葬八字。取用全在納音。然以三合參之。亦相合焉。戌龍屬土。又與寅午同三合火局。今託長老用寅午火局、以生戌土。則非徒木火納音。能助甲戌火龍也。故補龍者必以三合局。或一氣局爲主。而參以納音。託不補辛山而專補戌龍。可知古人重龍不重山也。按託長者雖論納音。並不忌墓龍變尅。覩於辛山乙向在庚年。而用戊午火音日可知。及考崇正闢謬。所載古課。犯納音尅墓龍變運者。又有十六課之多。可見先賢並不拘此也。又有一法。謂之占奪一方秀氣者。亦甚吉。如木龍、則用寅卯辰三字全。火龍、則用巳午未三字全。金龍、則用申酉戌三字全。水龍、則用亥子丑三字全。再於所用三字內。多取一字。湊成四柱。不可參一別字。若參一別字。則亂格矣。

二十四龍吉凶表 扶山同用

	四長生	四帝旺	三合旺局	三合相局	三合財局	占奪一方秀氣局	洩氣局	尅煞局
亥壬子癸龍	四申	四子	申子辰	巳酉丑	寅午戌	亥子丑	亥卯未	
巳丙午丁龍	四寅	四午	寅午戌	亥卯未	巳酉丑	巳午未		申子辰
寅甲卯乙巽龍	四亥	四卯	亥卯未	申子辰		寅卯辰	寅午戌	巳酉丑
申庚酉辛乾龍	四巳	四酉	巳酉丑		亥卯未	申酉戌	申子辰	寅午戌
艮坤丑未辰戌龍	四申			寅午戌	申子辰		巳酉丑	亥卯未

沈亮功曰、葬重補龍。造重扶山。乃不易之理。四生、四旺。雖不易得。而旺局、相局、占奪秀氣局。皆活動易取。有吉無凶。如山向既空。主命又利。不妨隨取一局。惟子酉龍、忌財局。亥巳寅龍忌相局。恐其衝龍也。餘如洩氣局則凶。尅煞局則更凶。皆當禁用。

按右表即本諸選擇宗鏡補龍古課。推演而成。二十四龍山取局之法。綱舉目張。一望可知。其中空格有六者。因辰戌、丑未局。自相衝擊。無論為旺、為相、為財、為洩、為煞為一方秀氣。皆不可用。故棄而不錄。致於亥、壬子、癸丑五龍山。究不可用寅、午、戌年、月、日、時。申、庚酉辛、戌五龍山。究不可用亥、卯、未年、月、日、時。蓋名為三合財局。實則坐三煞也。辰山用金局、未山用水局。亦為坐三煞。不可不辨。若夫十二枝龍。最忌逢衝。經有明文。又不僅子、酉、亥巳寅五龍山已也。觀於本篇云凡用三合字。不必全。二字亦可。其義可知矣。

又按六圖選擇云。艮、寅、甲、卯、乙、辰、坤、申、庚、酉、辛、戌十二山屬陽。宜用申、子、辰、寅、午、戌、陽年、月、日、時。乾、亥、壬、子、癸、丑、巽、巳、丙、午、丁、未十二山屬陰。宜用巳、酉、丑、亥、卯、未、陰年、月、日、時。此以東西為陽。南北為陰。古仙選擇多從此。不知其故。然以余友楊君石葭所云鵲巢門戶陽年坐東西。不向南北。陰年坐南北。不向東西證之。益信古仙之說確鑿無疑也。

論扶山

葬以補龍為重。而扶山次之。造以扶山為重。而補龍次之。如龍與山同氣。則補龍即以扶山。如亥龍屬水、立壬山丙向、則山亦屬水、是補龍扶山無二道也、倘龍與山不同氣。則葬取補龍。造取扶山可也。

五行生旺。各有其時。惟土分三等。有陰有陽有半陰半陽。艮土屬陽。坤土屬陰。辰戌屬半陽。丑未屬半陰。艮旺立春之先。坤旺立秋之後。四墓於四季之月。各旺一十八日。

木山春旺。自冬至至立春為進氣。謂之向令。立春、至春分為正氣。謂之得令。春分、至穀雨清明協紀為旺氣。謂之化令。

火山夏旺。自立春至春分驚蟄協紀為進氣。謂之向令。春分、同上至立夏為正氣。謂之得令。立夏、小滿協紀至夏至為旺氣。謂之化令。

金山秋旺。自立夏、（協紀芒種）至夏至為進氣。謂之向令。夏至、至立秋為正氣。謂之得令。立秋、（協紀處暑）至霜降（協紀秋分）為旺氣。謂之化令。

水山冬旺。自立秋至秋分（協紀白露）為進氣。謂之向令。秋分、至立冬（協紀霜降）為正氣。謂之得令。立冬、至小寒（協紀冬至）為旺氣。謂之化令。

用日之法。向令者益以胎息。得令者培以根元。化令者補以財祿。損益得中。斯為貞吉。

論立向

向不必補。只要有吉神、而無凶煞。何為凶煞。太歲也。月建也。都天也。向煞也。年月三煞也。此造葬同忌者也。内惟太歲、月建、都天、尤凶。蓋太歲、月建、皆可坐不可向。而都天在向。猛於在山也。三煞可化。亦宜斟酌。然葬可而造險。蓋葬暫而造久也。向煞較輕。得六德可解矣。（都天在向。猛於在山。此二語、讀者慎毋忽略。）

按開山立向者。作主原無住屋。欲以平地建築新屋。是也。如原有住屋。而與此次新築之地址。或隔溪澗。或隔大街。或在百步之外。亦名開山立向。如原有住屋。因此次新築、而作主遷居別宅。再行拆卸改造。此亦與開山立向相同。只須看開山立向神煞有無吉凶。其年月家之修方神煞。俱不必論。如主屋爲壬山丙向、兼亥巳。第一須不用寅、午、戌、巳、坐三煞、及衝山年、月、日、時。第二須年月家五黄。不在坎位。第三須年家戊己都天煞。不臨亥山。第四須宅長本命不衝值年太歲。然後擇年月家紫白、及八節三奇、德、祿、貴、馬、諸吉神。到山到向。則動土興工。盡美盡善矣。

論相主。

相主者何。以八字輔相主人之命也。修造、以宅長爲主。葬埋、以亡命爲主。祭主只忌衝壓。餘可勿拘。古人皆論生年不論生日。而尤以生年之天幹爲要。或合官、或合財、合官者貴。合財者富。合則有情。不合則無情也。或用比肩。或用印綬。或用四長生。或用祿馬貴人。不衝命、尅命。而又補龍、扶山。則上上吉課也。

凡三合之力。勝於六合。但主命喜與八字六合。而三合次之。惟用三合降煞者。得主命與八字、共成三合爲妙。故山向又喜與八字三合。而六合輕矣。

凡主命眞歲破日。造葬大凶。眞三煞日次之。如甲子命遁見庚午爲歲破。己巳庚午

辛未為三煞之類是也又有天罡四煞日亦凶天罡四煞者主命歲煞之枝辰也詳見本命凶煞幹枝表

凡太歲衝命最凶月次之日又次之時為輕惟辰戌丑未人以土衝土不甚拘忌然歲衝亦凶又有旬衝即天尅地衝正衝即天比地衝造葬修方均主傷人其有枝衝而音剋者名寸土無光埋葬大凶惟化命忌之祭主不論

論修山修向開山立向與修山修向及修方修中宮迥乎不同

動土為開山定礫為立向如隔溪澗或隔大街或在百步之外皆名開山立向或出火避宅倒堂豎造亦名開山立向所謂興造也專論開山立向神煞其年月家之修方神煞俱不必論如作主原有住屋欲於屋後修造謂之修山不名開山則論開山兼修方神煞其向上除太歲月建年月三煞外餘不必論也或欲於屋前修造謂之修向不名立向則論立向兼修方神煞其山上除歲破月破年月三煞外餘不必論也或欲於屋傍修造謂之修方則論方道神煞其山向上年月家神煞概弗論也若所修之處四圍俱有屋者謂之修中宮當以開山立向兼中宮神煞論之

修山修向。亦有分別。凡在後不作正寢在前不作大門。而止作書室、下房、廚竈、倉庫、者。則單論修方其年月家開山立向神煞。不必論也。若在後欲作正寢在前欲作大門。則是其宅、以所修之屋為主房。仍當以開山、立向、兼修方神煞論。

凡修山者。其山上不可犯歲破、月破、伏兵、大禍、年月三煞。（此即開山大凶煞也）

按修山者作主原有住屋。欲於屋後修造新屋、是也。此與平地之開山、立向、不同。故不名開山而曰修山也。必須先看開山神煞。有無吉凶。然後再看修方神煞。有無吉凶。其向上除太歲、月建、年、月、三煞外。餘均不論。如主屋為丙山壬向、兼巳亥。今年中元丙寅。六白在離。丙山、丙方、皆值吉神。似可修山修方矣。然正向之壬占伏兵、兼向之亥占劫煞。又占己都天煞。仍不可用。書云。都天在向。猛於在山。豈可輕犯之哉。餘類推。

凡修向者。其向上不可犯太歲、月建、向煞、都天、年月三煞。（此即立向大凶煞也）

按修向者作主原有住屋。欲於屋前修造新屋、是也。此固與平地新築之開山、立向、不同。而亦與屋後修造新屋之修山不同。故不名立向。不名修山。而曰修向也。

必須先看立向神煞。有無吉凶。其山上除歲破、月破、年月三煞外。餘均不論。如主屋為辛山乙向、兼酉卯。今年中元丙寅。九紫在震。是正向之乙兼向之卯。皆值吉神。而正山之辛兼山之酉。並不犯歲破、三煞。此向之可修者也。若宅長再與本年太歲。不犯衝擊。儘可選擇吉期。動土興工耳。

論修方

城鎮寸金之地。所作方隅。凡隔三五尺街道。非自己地者。作之不妨。如小修葺。但要吉日。並不問吉凶方道。若鄉村之地。或隔大溪。四時常流。亦不問吉凶方道。或隔小水。常流不絕。止不拘小煞。如近屋起樓臺廳館。不隔溪澗者。雖是修方。必方道有吉無凶。乃可。

凡定方隅。須於中宮下一羅經。而後方隅乃定。而定中宮之法。要在相其形勢。取其尊者為主。以臨四方。如大門、以廳事為中。廳後、以正寢為中。傍屋、以大樓為中。墳塋、以祖穴為中。移步換形。惟變所適。中宮定、而後方隅乃定。其有無吉凶神煞。從可知矣。大門以廳事爲中。墳塋以祖穴爲中。此二語爲論定修方之要訣。餘類推。

方之可修者。有三種。一曰空利方。本年無甚大凶煞占方。亦無甚吉神到方。但擇吉月吉日以修之。亦自平穩。二曰修吉神方。或太歲方、而帶吉不帶凶者。必要三元紫白同到或三德方。如甲年六月。則歲德、天德、月德、會於甲方也。此皆年月之吉方也。又或本命之祿馬、貴人方也。本命之食祿方也。此皆本命之吉方也。既合年月之吉方。又合主命之吉方。則擇吉日修之。自無不吉。擇吉日之法如何。曰吉方宜扶不宜尅。扶則福人。尅則無福。年家與此方或一氣局或三合局、又必此方旺相之月。則諸吉當權。修之自然發福矣。三曰凶煞方。除戊己疊太歲歲破、及太歲之帶凶者不修外。其餘皆可制而修也。制之之法。不外幹犯幹制。枝犯枝制。三合犯三合制。納音犯納音制。四者而已。然必須俟其休囚之月。乃可事半功倍。千金曰。吉星有氣小成大。惡曜休囚不降災。此之謂也。

凡新造宅舍尚未歸火入宅。欲於屋內起造倉庫欄枋。並不問吉凶方道。

凡方道遭火擇七日內起工、半月內豎造。並不問吉凶方道。

通書曰。太歲以下神煞甚多。難以盡避。其各神所臨之地。惟奏書、博士宜向之。餘各有所忌。須辨生旺休囚。制化得宜。如有破壞須修營者。以歲德、天德、月德、歲德合、天德合、月德合、天恩、天赦、母倉、所會之辰、或各神出遊日、併工修之、無妨。

按天恩、天赦、母倉、如會凶煞、仍不可用。須擇月表內註宜動土者用之。乃妥。

凡取土。忌太歲、歲破、三煞等方。若遠隔百步之外。目所不見。並不問吉凶方道。

凡新立宅舍。或盡行拆除舊屋。倒堂豎造。造主人眷。既已出火避宅。其起工只就坐上架馬。若修主不出火避宅。或坐宮或移宮。但就所修之方。擇吉方起工架馬。若修作在百步之外。其起工架馬。並不問吉凶方道。

按修方者。作主原有住屋。欲於屋傍修造新屋。是也。此與平地新築屋後修造屋前修造。皆不相同。故不名開山、立向。不名修山。不名修向。而曰修方也。只須看年月家方道神煞。有無吉凶。其山向上年月家神煞。俱不必論。如今年中元丙寅年家五黃在艮。若在主屋之東北、丑、艮、寅、三方修造。則大凶矣。歲破在申。劫煞在亥。伏兵在壬、災煞在子。大禍在癸。若在主屋之申、亥、壬、子、癸、等方修造。則又大凶矣。除此八大凶方外。餘方均可選吉修造。惟必須宅長本命。與太歲丙寅不犯衝擊耳。

論修中宮

四圍有屋則中間之屋。皆名中宮。太歲、月建、都天、在向。歲破、月破、都天、年月三煞、在山。或在向。則中宮終年不利。不可修也。

凡年月家五黃占中宮。則中宮亦不可修。蓋中宮屬土。而五黃又助起土煞也。

凡年月家紫白占中宮。修之最穩。

凡修中宮忌戊己日。若辰戌丑未月。尤忌戊己日。若非修中宮。又非土王用事之候。而戊己日有註宜修造動土者。不在此列。

按凡修造動土在辰、戌、丑、未、四季之月。而又值土王用事之候者。最忌用戊己日。不獨修中宮也。西王母經云。戊不朝真不誦經。燕不啣泥蛇不行。犯之災殃留四季。王母當年示漢君。此言四季之戊尤凶。與選吉書若合符節。至言戊而不言己者。蓋戊為陽土。己為陰土。陽可統陰，言戊而己亦在其中矣。再證以抱朴子燕知戊己一語。益信斯言不謬。考之協紀辨方書四季之月。間有戊己日值吉神。宜動土、不忌破土宜動土而忌破土者。計有十日。如三月戊寅、值天赦。宜動土、不忌破土、戊子值三合。宜動土忌破土。六月戊寅、值母倉。己卯、己亥、己酉、值德合。均宜動土、不忌破土。九月戊申、值天赦，宜動土、不忌破土。戊午、值三合。宜動土忌破土。十二月己巳、己酉、值三合。均宜動土、忌破土。其餘戊己日。無論動土破土、皆不可用。如是觀之。四季之月。逢戊己而能動土者、僅有十日。且此十日中。忌破土者。又佔其四。若再除土王用事之候。吾恐併此十日。而亦難選矣。用者可不慎乎。同里董君星垣、道高學博、知余纂述斯編、特以西王姆經見示、其可感也、

按修中宮者。作主四圍俱有住屋。欲於四圍之中宮。修造新屋是也。此與平地新築。屋後修造屋前修造。屋傍修造。均大異。非惟不名開山立向。而亦不名修山修向、修方。名曰修中宮也。必須先看開山、立向、神煞。有無吉凶。然後再看中宮神煞。有無吉凶。以定從違。如主屋爲卯山酉向。兼乙辛。今年中元丙寅。卯、乙山占九紫。此開山大吉也。酉、庚向占四綠。不犯歲破、三煞、伏兵、大禍。此立向不凶也。中宮占二黑。不犯五黃。此中宮亦不凶也。若再擇月家紫白到中宮。而山向又不犯月破、

月煞。則修造中宮可以安全矣。如值年太歲衝宅長本命。仍不可用。書云。太歲衝命最凶。此之謂也。

論附葬

凡新擇吉地安葬父母者。止忌年月家開山立向凶煞。若附葬祖塋。又以祖穴為中宮。兼忌年月家方道凶煞。附葬祖塋、以祖穴為中宮。當作修方論。與新擇吉地安葬者不同。務宜辨別。

按凡新擇吉地安葬者。即以所用之山向為主。假如乾山巽向、兼亥巳。忌用寅、午、戌、巳、四枝之年月日時。可矣。至於附葬祖塋之側。又當兼論修方。以祖穴為中宮。並忌年月家方道凶煞。如祖穴乾巽兼亥巳。若在昭穴附葬。即屬震方。既不可用寅、午、戌、巳、四枝之年月日時。而又當忌用巳、酉、丑之年月日時。蓋巳酉丑局三煞在震方寅卯辰也。若在穆穴附葬。即屬兌方。寅、午、戌、巳、四枝之年月日時。固所當忌。而亥、卯、未之年月日時。尤不可用。蓋亥、卯、未局。三煞在兌方申酉戌也。昧者不察。每多僨事。茲特詳言之。

論制煞

選擇宗鏡曰。三煞乃極猛之煞。伏兵、大禍次之。要制伏得倒。占山、造葬、皆忌。惟占方、可制而修也。制法有三。一要三合局以勝之。二要三合得令之月。三煞休囚之月。三要本命貴人祿馬及八節三奇。或日月以照臨之。小修則或月或日之納音。尅三煞方之納音。得一吉星到方可也。三煞在南方巳午未則屬火。用申子辰月日時。在東方寅卯辰則屬木。用巳酉丑月日時。在西方申酉戌則屬金。用寅午戌月日時。在北方亥子丑則屬水。三合無土局。不能制。忌用辰戌丑未相衝。曾文辿為壬申宅主。修午未三煞方。取甲辰年、戊辰月、壬子日、庚子時。竪柱。與壬申年生命。成申子辰水局、以尅火煞。一吉也。甲戊庚天幹三奇。又辰子兩枝不雜。二吉也。穀雨前。太陽在戌。與午方三合。而甲戊庚貴人在未。三吉也。甲年午未方。為庚午辛未。納音屬土。而戊辰月、壬子日、納音皆屬木。以木尅土。四吉也。命馬壬寅。歲祿歲馬丙寅。俱到離。五吉也。八白在坎照離。九紫正在未坤。六吉也。古人之妙用如此。（此一節無足重輕）

協紀辨方書曰、三煞為太歲三合之衝。可向不可坐。故占山則造葬皆忌。占方、則可制而修也。然各年不可概論。寅申巳亥年。煞在生我之方。又當休氣。辰戌丑未年。煞在我生之方。又當相氣、制化之法。雖輕重亦有不同。而要可制之化之。變凶而為吉也。若子午卯酉年。則三煞與歲破同方。對方太歲又與大煞同位。雖有制伏。亦難以吉論矣。故子午卯酉年災煞最凶。劫煞歲煞次之。辰戌丑未年略與子午卯酉等。若寅申年之劫煞。卯酉年之歲煞。與太歲為六合。其凶尤小。如壬寅年、用壬寅月日時、修亥方。則四祿聚亥。乙酉年、用庚辰月日時修辰方。則一氣皆全。並不以歲煞論矣。又寅午戌、亥卯未年。為煞尅歲。巳酉丑、申子辰年。為歲尅煞。煞尅歲者、俟其休囚之令用之。歲尅煞者、則惟忌子午卯酉四旺月。餘月皆可用。只取吉神到方。八字成格而已。又化煞變尅為生。與制煞之義有別。煞尅歲君者。用煞之子。如金煞尅木歲。用水局月日時。則洩金以生木矣。歲尅煞者、用煞之財。如水歲尅火煞。用金局月日時。則洩火以生水矣。用子煞休。用財煞因，具有妙義。惟木煞無土局。則不用化而用制、可也。水煞無土局、則不用制而用化、可也。曾文辿取用甚精、夫亦舉一隅耳、引而伸之。觸類而長之。選擇之能事畢矣。月三煞倣此。

按以上二篇。說理精密、用法詳明。不獨為制化凶煞之準繩。且可為選吉造命之模範。至於三煞占山、造葬皆忌。占方、可制而修二語。吉凶懸殊。尤為扼要。蓋山為坐山。方為別位。經曰。三煞可向、不可坐。卽此義也。果其占山。無論造葬。萬不可犯。若占向、占方、可遵制化之法擇吉修之。昧者不察。漫謂三煞可制而修。不辨占山與否。毫釐千里。有不僨事者乎。

論權修法

凡方道不利。而又不得不作者。則宜避宅別居。俟工竣後、入新宅可也、如年月利作震。不利作兌。則避居於西。使所修之方。昔視之為兌者。今視之為震矣。此活變之法也。

凡修作自始至終。止在一宮。選擇尚易。若連跨數宮。有吉有凶。則當於吉方起工。自此連及不利之方、可也。或興作月日己利。而工料未辦。則略起工以應月日。自此連接作之。亦無不可。

凡修作宅舍。擇大寒五日後興工。立春前豎造。謂之歲君交承。不忌方道凶煞。如己過立春。年月凶神方位己定。不可修作。如方位無凶神。修作不妨。凡方道不利。而宅舍破壞。不得不修者。取歲德、天德、月德、歲德合、天德合、月德合、天恩、天赦、母倉、所會之辰。或各神出遊日。併工修之、無妨。

論權葬法

凡擇大寒五日後破土。再擇立春前安葬。不忌年月家開山、立向凶煞。仍要立春前謝墓。或次年寒食清明節。加土謝墓。

凡人初死。如旬日內速葬。雖值年月家開山、立向凶煞。亦不為害。但擇吉日破土。盡一日之內成墳。俟凶神過方。加土謝墓。

凡已葬墓塋。或加土。或種樹。或砌祭臺。或破壞修整。宜於寒食間鳩工修作。不忌年月日時、一切凶煞也。

太歲以下神煞出遊日

協紀辨方書曰。太歲者、地祇也。地祇從枝。故以五子爲斷。甲爲東方木。故甲子至戊辰東遊。丙爲南方火。故丙子至庚辰南遊。戊爲中央土。故戊子至壬辰遊中宮。庚爲西方金。故庚子至甲辰西遊。壬爲北方水。故壬子至丙辰北遊。如甲子東遊。則西南北及中宮。可併工修造也。東則本屬空方。猶當有所忌。若本不空。則無論矣。其曰太歲以下神煞者。諸神煞皆從太歲而有。太歲既不居本位。則諸神煞皆無矣。若謂出遊之日。四方皆空。則但當舉此二十五日。爲悉無禁忌可也。何必分東西南北乎。其以五日爲斷者。天數五。地數五。五者數之終也。

正鍼中鍼縫鍼三盤圖

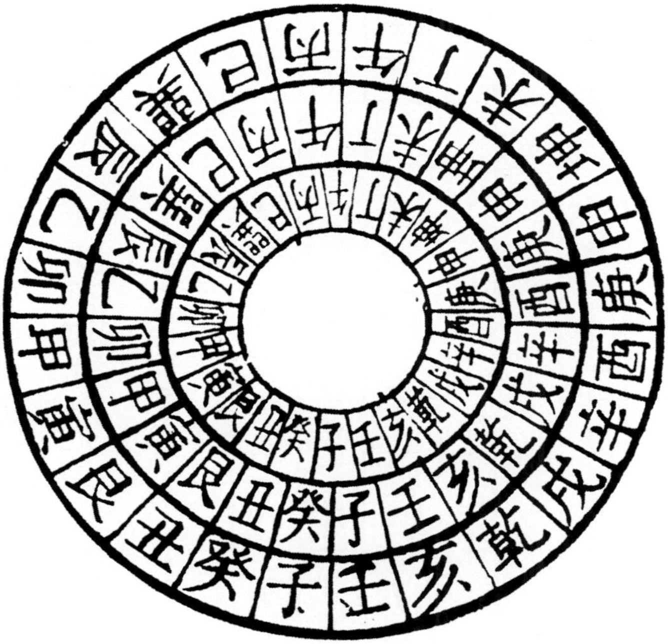

協紀辨方書曰。是圖內層所列為正鍼。係廿四山之正位。立向用之。選擇家避鬼

迎神。即此層也中層所列為中鍼。比正鍼先半位。地理家格龍用之。蓋龍為來脈。故用先至者承之。外層所列為縫鍼。比正鍼後半位。與中鍼正差一位。地理家消砂納水用之。蓋砂水為去路。故用後至者收之。

分金圖

子				壬			
庚子		丙子		辛亥		丁亥	
	寅				艮		
庚寅		丙寅		辛丑		丁丑	
	辰				乙		
庚辰		丙辰		辛卯		丁卯	
	午				丙		
庚午		丙午		辛巳		丁巳	
	申				坤		
庚申		丙申		辛未		丁未	
	戌				辛		
庚戌		丙戌		辛酉		丁酉	

癸			丑		
丙子		庚子	丁丑		辛丑
	甲			卯	
丙寅		庚寅	丁卯		辛卯
	巽			巳	
丙辰		庚辰	丁巳		辛巳
	丁			未	
丙午		庚午	丁未		辛未
	庚			酉	
丙申		庚申	丁酉		辛酉
	乾			亥	
丙戌		庚戌	丁亥		辛亥

地理大全曰。分金之法。以二十四山分十二宮。每一宮共十分金。如子癸同宮。以

甲子、丙子、戊子、庚子、壬子、一布於子。再布於癸。丑艮同宮。以乙丑、丁丑、己丑、辛丑、癸丑、一布於丑。再布於艮是也。然專用丙丁庚辛者何。渾天之法甲壬納於乾。乙癸納於坤。己納於離。戊納於坎。乾則三畫純陽。坤則三畫純陰。離則上下皆陽。坎則上下皆陰。無生育之氣。故此四卦所納之幹。俱不取用。惟震納庚巽納辛艮納丙兌納丁四卦。或上陽而下陰。或上陰而下陽。皆有生機。故其所納之幹。為立向者之取用。

選吉探原卷上終

受業　李雨田　張南山　袁伯仙　同校

選吉採原卷下

潤德堂叢書之四

鎮江袁樹珊著

月表須知篇

結婚姻與嫁娶動土與破土似同實異者

結婚姻、嫁娶、是兩事。月表內有註宜結婚姻、而不註宜嫁娶者、則不宜嫁娶。有註宜嫁娶。而不註宜結婚姻者。則不宜結婚姻。修造動土、（豎造事）破土、（葬埋事）亦是兩事。月表內有註宜修造動土、而不註宜破土者。則不宜破土。有註宜破土而不註宜修造動土者。則不宜修造動土。至於安葬、啟攢、雖爲兩事。儘可通用。其他各事。宜者註之。不宜者則不註。閱者務宜詳細檢查。

按月表中有小字註忌動土、忌破土者。則萬不宜動土、破土。有小字註不忌動土、不忌破土者。權宜用之無妨。

日之吉凶有從太歲幹枝變更者

上朔甲年、癸亥日。乙年、己巳日。丙年、乙亥日。丁年、辛巳日。戊年、丁亥日。己年、癸巳日。庚年、己亥日。辛年、乙巳日。壬年、辛亥日。癸年、丁巳日。諸事不宜。造葬嫁娶大凶。雖月表某日註宜某事。亦不可用。

歲破子年、午日。丑年、未日。寅年、申日。卯年、酉日。辰年、戌日。巳年、亥日。午年、子日。未年、丑日。申年、寅日。酉年、卯日。戌年、辰日。亥年、巳日。造葬嫁娶大凶。雖月表某日註宜。亦不可用。如尋常之事。與本命相合者。權宜用之。尚無大害。

日之吉凶有從節氣變更者

土王用事在辰未戌丑四季之月。立夏、立秋、立冬、立春前，各十八日。共七十二日。當此期內。雖月表載某日宜動土破土字樣。亦不可用。若在大寒五日後。造葬權宜期內即不拘此。

氣往亡立春後七日。驚蟄後十四日。清明後二十一日。立夏後八日。芒種後十六日。小暑後二十四日。立秋後九日。白露後十八日。寒露後二十七日。立冬後十日。大雪後二十日。小寒後三十日。不宜上官赴任、嫁娶、移徙、雖月表某日註宜。亦不可用。

四離春分、夏至、秋分、冬至、各前一日。四絕立春、立夏、立秋、立冬、各前一日。諸事不宜。造葬嫁娶大凶。雖月表某日、註宜某事。亦不可用。如初一立春。初七為氣往亡是也。

日之吉凶有從固定日期變更者

月忌初五日、十四日、二十三日、不宜入學、上官赴任、結婚姻、嫁娶、移徙、安床、修造動土、豎柱上梁、開市、立券交易、破土、安葬、啟攢。前清歷年時憲通書。凡遇此日。從未註宜以上諸事者。此其明證。雖月表某日註宜某事。亦不可用。

朔日望日與十五日同義晦日忌嫁娶。雖月表某日註宜。亦不可用。時憲書凡遇此日。從未註宜嫁娶者。

朔日望日不忌造葬。晦日仍忌。

周堂不利日有月大月小之別。月大者。初一日、初九日、十七日、二十五日、皆值夫。初七日、十五日、二十三日、皆值婦。初四日、十二日、二十日、二十八日、皆值翁。初二日、初十日、十八日、二十六日、皆值姑。月小者、初七日、十五日、二十三日、皆值夫。初一日、初九日、十七日、二十五日、皆值婦。初四日、十二日、二十日、二十八日、皆值翁。初六日、十四日二十二日、皆值姑。凡值夫婦翁姑之日。最忌嫁娶。雖月表註宜。亦不可用。如值翁姑日、而無翁姑者不忌。否則於新人進宅時。暫行迴避。俟合巹後。相見無妨。

月表吉凶篇

正月六十甲子表

甲己年	乙庚年	丙辛年	丁壬年	戊癸年
建丙寅	建戊寅	建庚寅	建壬寅	建甲寅

正月

立春正月節。天道南行。宜修造南方。

天德在丁。天德合在壬。月德在丙。月德合在辛。月空在壬。宜修造取土。

月建在寅。月破在申。月厭在戌。月刑在巳。月害在巳。劫煞在亥。災煞在子。月煞在丑。忌修造取土。

立春前一日四絕。後七日氣往亡。

孟年	仲年	季年
白綠碧	黃白紫	黑赤白
白黑赤	碧白綠	紫黃白

白紫黃　赤白黑　綠碧白

寅日起建（丙寅）天恩月德（戊寅）天赦天倉（壬寅）德合吠對均宜結婚姻、豎柱上梁、忌動土立券、交易、牧養、安葬。惟丙寅壬寅兼宜啟攢。（庚寅）王日要安（甲寅）五合天倉只宜立券、交易、餘事不利。丙寅戊寅壬寅均忌破土。

卯日值除（丁卯）天德不將（辛卯）德合不將均宜祭祀、祈福、求嗣、上官赴任、結婚姻、嫁娶、移徙、修造、動土、豎柱上梁、立券、交易、裁種、牧養、破土、安葬、啟攢。（癸卯）官日吠對（乙卯）玉宇吉期只宜上官赴任、結婚姻、立券、交易、破土啟攢。（己卯）天恩不將只宜上官赴任、結婚姻、嫁娶、立券、交易。餘均不利。

辰日值滿（壬辰）德合六儀（丙辰）月德月恩均宜祭祀、祈福、求嗣、上官赴任、結婚姻、嫁娶、移徙、修造、動土、豎柱上梁、開市、立券、交易、牧養、安葬。不忌破土（戊辰）天恩福德（甲辰）天巫金匱只宜祭祀、祈福。（庚辰）為真無祿日。只宜祭祀。餘事不利。

按甲辰為無祿日。如在寅年寅月。歲月填實祿空。方可祈福。否則只宜祭祀。

巳日值平（辛巳）德合寶光（丁巳）天德四相只宜祭祀。餘事不利。（己巳）死神（癸巳）游禍

（乙巳）五虛 一概無取。

按辛巳爲無祿日。如在丙辛年寅月。歲德合、月德合所會之辰。方可選用。

午日值定 （庚午）時德鳴吠（壬午）德合天恩（甲午）時德鳴吠（丙午）月德月恩（戊午）三合時德 均宜祭祀、祈福、求嗣、上官赴任、結婚姻、嫁娶、移徙、竪柱上梁、開市立券、交易。惟壬午甲午丙午戊午兼宜修造動土。只庚午忌動土 壬午丙午兼宜栽種、牧養、破土、安葬。庚午兼宜牧養、安葬。忌破土 戊午甲午兼宜牧養。

未日值執 （辛未）德合敬安（丁未）天德四相 均宜祭祀、祈福、求嗣、上官赴任、移徙、修造動土、竪柱上梁、栽種、牧養、安葬。不忌破土 惟辛未兼宜結婚姻、嫁娶。（癸未）觸水龍（乙未）五墓（己未）小耗 一概無取。

申日值破 （壬申）德合（甲申）解神（丙申）月德（戊申）驛馬 只宜祭祀。餘事無取。

（庚申）四廢 諸事不宜。

酉日值危 （丁酉）天德福生 宜祭祀、祈福、求嗣、上官赴任、結婚姻、嫁娶、移徙、安床、修造動土、竪柱上梁、栽種、牧養、破土、安葬。（癸酉）陰德鳴吠（乙酉）除神鳴吠（己酉）天恩鳴吠 只宜祭祀、破土、安葬。餘事不利。（辛酉）四廢 諸事不宜。

戌日值成（丙戌）天喜月德（壬戌）天醫德合 均宜祭祀、祈福、求嗣、入學、修造動土、豎柱上梁、開市、立券、交易、牧養、安葬。不忌破土（庚戌）天喜天恩 只宜入學。（戊戌）爲真無祿日。一概無取。（甲戌）大煞 諸事不宜。

亥日值收（乙亥）母倉六合（丁亥）天德不將 均宜祭祀、祈福、求嗣、上官赴任、結婚姻、移徙、修造動土、豎柱上梁、開市、立券、交易、牧養、惟丁亥兼宜栽種。（辛亥）德合不將 只宜祭祀、祈福、求嗣、上官赴任。結婚姻、移徙、修造動土、豎柱上梁、開市、立券、交易、栽種、牧養。（己亥）母倉五富 只宜祭祀、祈福。結婚姻、開市、立券、交易、栽種、牧養。（癸亥）爲幹枝俱盡日。只宜祭祀。餘事不利。

子日值開（丙子）月德不將（壬子）天恩德合 均宜祭祀、祈福、求嗣，入學、上官赴任、結婚姻、嫁娶、移徙、修造動土、豎柱上梁、開市、栽種、牧養。（戊子）母倉生氣（庚子）益後時陽（甲子）生氣青龍 只宜祭祀、入學。餘事不利。

丑日值閉（丁丑）天德（辛丑）續世 只宜祭祀。餘事不利。（己丑）天賊（癸丑）

歸忌（乙丑）月煞　諸事不宜。

貴登天門時。雨水後、春分前、日躔在亥宮為正月將。

甲日卯酉時　乙日戌時　丙日亥時　丁日丑時　戊日酉卯時　己日寅時

庚日酉卯時　辛日申時　壬日未時　癸日巳時

四大吉時。雨水後、春分前、宜用甲、丙、庚、壬、即卯午酉子時。

二月六十甲子表

甲己年	乙庚年	丙辛年	丁壬年	戊癸年
建丁卯	建己卯	建辛卯	建癸卯	建乙卯

二月

驚蟄二月節。天道西南行。宜修造西南維。

天德在坤。月德在甲。月德合在己。月空在庚。宜修造取土。

月建在卯。月破在酉。月厭在酉。月刑在子。月害在辰。劫煞在申。災煞在酉。月煞在戌。

忌修造取土。

驚蟄後十四日氣往亡。　春分前一日四離。

孟年

赤碧黑
黃白白
紫白綠

仲年

綠紫白
黑赤碧
白黃白

季年

白白黃
白綠紫
碧黑赤

卯日起建（丁卯）天恩四相 宜祭祀、祈福、求嗣、上官赴任、結婚姻、移徙、豎柱上梁、忌動土
立券交易、牧養、啓攢。忌破土 （辛卯）福生五合（癸卯）六儀明堂（乙卯）官日吠對 只宜祭祀、上官赴任、立券交易。（己卯）厭對 諸事不宜。

辰日值除（甲辰）月德吉期（丙辰）守日四相 均宜祭祀、上官赴任、移徙、修造動土、豎柱上梁、栽種。惟甲辰兼宜祈福、求嗣、結婚姻、嫁娶、牧養、安葬。不忌破土 （戊辰）天恩吉期 （壬辰）守日吉期 只宜上官赴任。（庚辰）爲真無祿日一概無取。

巳日值滿（己巳）德合天后（辛巳）天恩福德（癸巳）福德相日（乙巳）天后聖心（丁巳）月恩四相 均宜祭祀、祈福、開市、立券交易。惟己巳丁巳兼宜求嗣、結婚姻、豎柱上梁。牧養餘均不宜。

按辛巳爲無祿日。如在辛年月、歲德、歲德合、天幹三朋。方可選用。乙巳又爲無祿日。如在卯年月。歲月填實祿空。方可選用。

午日值平　(庚午)月空(壬午)天恩(甲午)月德(丙午)四相(戊午)金匱　只宜祭祀。餘事不利。

未日值定　(辛未)陰德三合(癸未)天恩三合　均宜祭祀、祈福、求嗣、結婚姻、嫁娶、修造動土、豎柱上梁、立券交易、(丁未)月恩續世(己未)德合時陰　宜祭祀、祈福、求嗣、上官赴任、移徙修造動土豎柱上梁、立券交易牧養。惟己未兼宜栽種、安葬。不忌破土(乙未)續世寶光　只宜祭祀祈福求嗣。餘事不利。

申日值執　(甲申)月德(丙申)天馬　只宜祭祀。餘事無取。　(壬申)白虎(戊申)劫煞(庚申)五離　一概無取。

酉日值破　(乙酉)天火(丁酉)大耗(己酉)地火(辛酉)四廢(癸酉)月厭　諸事不宜。

戌日值危　(甲戌)天嗣月德　宜祭祀、祈福、求嗣、上官赴任、結婚姻、嫁娶、移徙、安床、修造動土、豎柱上梁、開市立券交易、栽種、牧養、安葬。不忌破土其餘各事亦不禁忌。因為德嗣所會之辰(丙戌)四相　只宜祭祀。餘事不利。　(戊戌)月煞(庚戌)月虛(壬戌)天牢　一概無取。

亥日值成（己亥）母倉天醫（辛亥）天恩臨日 均宜入學、上官赴任、結婚姻、移徙、修造、動土、豎柱上梁、開市、立券、交易、栽種、牧養。惟己亥兼宜祭祀、祈福、求嗣。（乙亥）母倉三合 只宜入學、上官赴任、移徙、修造、動土、豎柱上梁、牧養。（丁亥）爲真無祿日，只宜祭祀。（癸亥）爲幹枝俱盡日。一概無取。

子日值收（甲子）月德 只宜祭祀。餘事不利。（丙子）天罡（戊子）大敗（庚子）咸池（壬子）四耗 諸事不宜

丑日值閉（乙丑）天恩不將（丁丑）月恩不將（己丑）德合不將（辛丑）時陽天倉（癸丑）生氣敬安 均宜祭祀、祈福、求嗣、入學、上官赴任、移徙、豎柱上梁、牧養。惟乙丑、丁丑、己丑兼宜嫁娶、修造動土。辛丑兼宜修造動土。丁丑、己丑兼宜結婚姻。己丑兼宜開市。

按己丑爲無祿日。如在甲己年卯月。歲德合、月德合所會之辰。方可選用。

寅日值閉（丙寅）天恩四相（戊寅）天赦青龍（庚寅）五富吠對（壬寅）五合吠對（甲寅）月德吠對 均宜立券、交易、栽種、牧養。惟丙寅、庚寅、壬寅、甲寅兼宜破土、啓攢。戊寅不忌破土 甲寅兼宜安葬。

貴登天門時，春分後，穀雨前，日躔在戌宮。爲二月將、

乙日酉時　丙日戌時　丁日子時　戊日申寅時　己日酉丑時　庚日申寅時
辛日未卯時　壬日午時　癸日辰時
四大吉時。春分後。穀雨前。宜用艮、巽、坤、乾、即寅巳申亥時。

三月六十甲子表

甲己年	乙庚年	丙辛年	丁壬年	戊癸年
建戊辰	建庚辰	建壬辰	健甲辰	建丙辰

三月

清明三月節。天道北行。宜修造北方。
天德在壬。天德合在丁。月德在壬。月德合在丁。月空在丙。宜修造取土。
月建在辰。月破在戌。月厭在申。月刑在辰。月害在卯。劫煞在巳。災煞在午。月煞在未。
忌修造取土。
清明後二十一日氣往亡。　土王用事後。忌修造動土。巳午日添母倉。

孟年
白黑白
綠紫黃

仲年
碧白赤
白白黑

季年
紫黃綠
赤碧白

白赤碧　黃綠紫　黑白白

辰日起建（壬辰）二德（丙辰）月空只宜祭祀。餘事不利。（戊辰）復日（庚辰）土府（甲辰）月刑諸事不宜。

巳日值除（丁巳）德合四相宜祭祀、祈福、求嗣、上官赴任、結婚姻、嫁娶、移徙、修造動土、豎柱上梁、開市、立券交易栽種牧養。（己巳）劫煞（辛巳）五虛（乙巳）・重日（癸巳）劫煞一概無取。

午日值滿（壬午）天德月德宜祭祀、祈福、求嗣、上官赴任、結婚姻、嫁娶、移徙、豎柱上梁、忌動土開市、立券交易牧養安葬。忌破土（庚午）月忌（甲午）民日（丙午）四相（戊午）天巫只宜祭祀。餘事不利。

未日值平（丁未）德合只宜祭祀。餘事不利。（辛未）朱雀（癸未）死神（乙未）月虛（己未）天罡諸事不宜。

申日值定（壬申）二德（丙申）臨日（庚申）月忌只宜祭祀。餘事不利。（甲申）往亡（戊申）孤辰一概無取。

酉日值執　(乙酉)天願不將　(丁酉)德合不將　均宜祭祀、祈福、求嗣、上官赴任、結婚姻、嫁娶、移徙、豎柱上梁、忌動土　立券交易、牧養安葬。忌破土　惟乙酉兼宜開市。　(癸酉)六合鳴吠　(己酉)六合不將　只宜祭祀、祈福、結婚姻、嫁娶安葬。忌破土　(辛酉)六合　只宜祭祀。餘事不利。

戌日值破　(甲戌)解神　(丙戌)月空　(戊戌)福生　(庚戌)月恩　(壬戌)二德　只宜祭祀。餘事不利。

亥日值危　(丁亥)德合不將　宜祭祀、上官赴任、結婚姻、移徙、安床、修造動土、豎柱上梁、栽種、牧養。　(己亥)母倉不將　(辛亥)天恩玉堂　只宜安床栽種、牧養。　(乙亥)母倉不將　只宜安床牧養餘事不利。　(癸亥)游禍　一概無取。

按丁亥爲無祿日。如在丁壬年辰月。歲德合、月德合所會之辰。方可選用。

子日值成　(丙子)天喜不將　(戊子)天喜天醫　(庚子)月恩母倉　(壬子)二德三合　均宜祭祀、祈福、入學、上官赴任、結婚姻、嫁娶修造動土豎柱上梁、開市立券、交易栽種、牧養。惟丙子庚子壬子兼宜求嗣、破土、啓攢。壬子兼宜安葬。　(甲子)天恩天倉　只宜祭祀、祈福、入學、上官赴任、豎柱上梁、忌動土開市、立券、交易、牧養。餘事不利。

丑日值收（丁丑）德合不將宜祭祀、祈福、求嗣、上官赴任、結婚姻、嫁娶、移徙、修造動土、豎柱上梁、栽種、牧養、安葬。不忌破土（己丑）益後（辛丑）益後（癸丑）天恩（乙丑）天恩只宜祭祀。餘事不利。

寅日值開（戊寅）天赦生氣（庚寅）月恩時陽（壬寅）二德六儀（甲寅）陽德續世（丙寅）四相五合均宜入學、上官赴任、移徙、修造動土、豎柱上梁、開市、立券、交易、栽種、牧養。惟戊寅庚寅壬寅丙寅兼宜結婚姻。戊寅壬寅兼宜嫁娶。

卯日值閉（丁卯）德合只宜祭祀。餘事不利。（己卯）致死（辛卯）月害（癸卯）血支（乙卯）天吏一概無取。

貴登天門時。穀雨後、小滿前日躔在酉宮為三月將。

丁日酉亥時　戊日未丑時　己日申子時　庚日未丑時　辛日午寅時　壬日巳時

癸日卯時

四大吉時。穀雨後、小滿前、宜用癸、乙、丁、辛、即丑辰未戌時。

四月六十甲子表

甲己年	乙庚年	丙辛年	丁壬年	戊癸年
建己巳	建辛巳	建癸巳	建乙巳	建丁巳

四月

立夏四月節。天道西行。宜修造西方。

天德在辛。天德合在丙。月德在庚。月德合在乙。月空在甲。宜修造取土、

月建在巳、月破在亥、月厭在未。月刑在申。月害在寅。劫煞在寅。災煞在卯。月煞在辰。

忌修造取土。

立夏前一日四絕。後八日氣往亡。

孟年	仲年	季年
黃白紫	黑赤白	白綠碧
碧白綠	紫黃白	白黑赤
赤白黑	綠碧白	白紫黃

巳日起建（辛巳）天恩天德（乙巳）德合王日均宜祭祀、祈福、求嗣、上官赴任、結婚姻、嫁娶、移徙、豎柱上梁、忌動土牧養。（癸巳）王日（丁巳）王日只宜上官赴任。餘事不利。

（己巳）陽錯諸事不宜。

按乙巳爲無祿日、如在乙庚年巳月。歲德合、月德合、所會之辰。方可選用。

午日值除（庚午）青龍月德（甲午）天赦聖心均宜祭祀、祈福、求嗣、上官赴任、結婚姻、嫁娶、移徙、修造動土、豎柱上梁、栽種、牧養、破土、安葬。（壬午）天恩鳴吠只宜祭祀、祈福、上官赴任、破土、安葬。（丙午）吉期（戊午）四相只宜祭祀。餘事不利。

未日值滿（辛未）天德（癸未）天恩（乙未）天巫（丁未）明堂（己未）益後只宜祭祀。餘事不利。

申日值平（丙申）德合天願（庚申）月德五富均宜祭祀、上官赴任、移徙、修造動土、豎柱上梁、開市、立券、交易、栽種、牧養。惟丙申兼宜結婚姻、嫁娶、餘事亦不禁忌。因爲德合天願二星俱會之辰庚申兼宜破土、安葬。（壬申）相日（甲申）六合（戊申）續世只宜祭祀。餘事不利。

按丙申爲無祿日。如在丙辛年巳月。天德合、歲德合所會之辰。方可選用。或在巳年巳月。歲月填實祿空。方可選用。

酉日值定（癸酉）民日三合（乙酉）德合不將（丁酉）時陰不將（己酉）天恩四相（辛酉）天德陰神均宜上官

赴任、結婚姻、嫁娶、移徙、豎柱上梁、開市、立券、交易、牧養、安葬。只巳酉忌動土破土惟乙酉巳酉辛酉兼宜祭祀、祈福、求嗣、癸酉乙酉丁酉辛酉兼宜修造動土、破土、辛酉兼宜裁種。

戌日值執（戊戌）四相不將（庚戌）天恩月德均宜祭祀、祈福、求嗣、上官赴任、結婚姻、嫁娶、移徙、修造動土、豎柱上梁、裁種、牧養。惟庚戌兼宜安葬。不忌破土（丙戌）德合金匱只宜祭祀、祈福、求嗣。（甲戌）月空不將只宜嫁娶、餘事不利。（壬戌）天賊一概無取、

按戊戌為無祿日。如在巳年巳月。歲月塡實祿空方可選用。

亥日值破（乙亥）德合（巳亥）月恩（辛亥）天德只宜祭祀。餘事不利。（丁亥）往亡（癸亥）四廢一概無取。

子日值危（丙子）德合天馬（庚子）月德吠對均宜祭祀、祈福、求嗣、上官赴任、移徙、安床、修造動土、豎柱上梁、裁種、牧養。惟庚子兼宜結婚姻、嫁娶、破土、安葬、啓攢。（戊子）四相只宜祭祀。餘事不利。（甲子）白虎（壬子）四廢一概無取。

丑日值成（乙丑）天恩天喜（丁丑）三合六儀（巳丑）三合四相（辛丑）天德天喜（癸丑）天醫玉堂均宜入學、

上官赴任修造動土、竪柱上梁、開市、立券交易。惟乙丑丁丑己丑辛丑兼宜結婚姻。乙丑己丑辛丑兼宜祭祀、祈福、求嗣、牧養。己丑辛丑兼宜栽種。乙丑辛丑兼宜嫁娶安葬。不忌破土

按已丑為無祿日。如在巳年月。歲德、歲德合、天幹三朋。方可選用。

寅日值收　(丙寅)母倉德合(庚寅)月德五合均宜上官赴任、結婚姻、嫁娶、移徙竪柱上梁、忌動土　立券交易、牧養、惟庚寅兼宜安葬、啓攢。忌破土　(戊寅)天牢(壬寅)月害(甲寅)劫煞一概無取。

卯日值開　(辛卯)天德五合(乙卯)德合生氣均宜祭祀、祈福、求嗣、入學、上官赴任、結婚姻、嫁娶移徙、修造動土竪柱上梁、開市立券、交易、牧養。惟辛卯兼宜栽種。(癸卯)陰德(丁卯)天恩(己卯)普護只、宜祭祀、入學。餘事不利。

辰日值閉　(庚辰)月德(丙辰)陽德只、宜祭祀。餘事不利。(戊辰)絕陰(壬辰)五虛(甲辰)八風、諸事不宜。

貴登天門時小滿後见至前日躔在申宮。為四月將。

丙日戌時　丁日申戌時　戊日午子時　己日未亥時　庚日午子時　辛日巳丑時
壬日辰寅時　癸日寅時
四大吉時。小滿後、夏至前宜用甲、丙、庚、壬、即卯午酉子時。

五月六十甲子表

甲己年　乙庚年　丙辛年　丁壬年　戊癸年
建庚午　建壬午　建甲午　建丙午　建戊午

五月

芒種五月節。天道西北行。宜修造西北維。
天德在乾。月德在丙。月德合在辛。月空在壬。宜修造取土。
月建在午。月破在子。月厭在午。月刑在午。月害在丑。劫煞在亥。災煞在子。月煞在丑。
忌修造取土。
芒種後十六日氣往亡。　夏至前一日四離。

孟年	仲年	季年
綠紫白	白白黃	赤碧黑
黑赤碧	白綠紫	黃白白

白黃白　碧黑赤　紫白綠

午日起建（甲午）天赦只宜祭祀餘事不利。（庚午）土符（壬午）月刑（丙午）二錯（戊午）月厭諸事不宜。

未日值除（辛未）德合六合（丁未）天願六合（己未）四相六合均宜祭祀、祈福、求嗣、上官赴任、移徙、修造動土、豎柱上梁、立券交易、栽種、牧養。惟辛未丁未兼宜結婚姻、嫁娶。辛未己未兼宜安葬。不忌破土丁未兼宜開市。（癸未）天恩六合（乙未）不將六合只宜上官赴任、結婚姻、嫁娶、立券交易安葬。不忌破土餘事不利。

申日值滿（甲申）福德鳴吠（庚申）驛馬鳴吠均宜祭祀、祈福、移徙、開市、破土、安葬。惟甲申兼宜嫁娶。（丙申）月德不將（戊申）月恩不將宜祭祀、祈福、求嗣、上官赴任、嫁娶、移徙、修造動土、豎柱上梁、開市、栽種、牧養。惟丙申兼宜結婚姻、立券交易、破土、安葬。（壬申）為真無祿日只宜祭祀。餘事不利。

酉日值平（己酉）敬安（辛酉）明堂只宜祭祀。餘事不利（癸酉）致死（乙酉）天罡（丁酉）天賊一概無取。

戌日值定　（甲戌）三合不將（庚戌）天恩天倉（壬戌）月空普護均宜祭祀、祈福、上官赴任、結婚姻、嫁娶、豎柱上梁、立券交易。只壬戌忌動土。惟甲戌庚戌兼宜修造動土。（丙戌）月德不將（戊戌）月恩不將宜祭祀、祈福、求嗣、上官赴任、結婚姻、嫁娶、移徙、修造、動土、豎柱上梁、立券、交易、牧養。惟丙戌兼宜栽種、安葬。不忌破土

按戊戌為無祿日。如在戊年月、歲德、歲德合、天幹三朋。方可選用。

亥日值執　（乙亥）福生（丁亥）五富（己亥）四相（辛亥）德合（癸亥）五富　只宜祭祀。餘事不利。

子日值破　（丙子）月德只宜祭祀。餘事不利。（甲子）　五虛（戊子）招搖（庚子）天火（壬子）四廢諸事不宜。

丑日值危　（乙丑）天恩（丁丑）陰德（己丑）四相（辛丑）聖心（癸丑）寶光　只宜祭祀、餘事不利、

寅日值成　（丙寅）月德吠對（戊寅）母倉益後（庚寅）天喜天醫（壬寅）五合天馬均宜入學、上官赴任、結婚姻、嫁娶、修造、動土、豎柱上梁、開市、立券交易、栽種、牧養。惟丙寅兼宜破土、安

葬、啓攢。庚寅壬寅兼宜破土、啓攢。(甲寅)母倉吠對只宜入學、上官赴任、修造動土、豎柱上梁、開市立券、交易、裁種、牧養、破土、啓攢。

卯日值收　(丁卯)天恩(己卯)續世(辛卯)玉堂(癸卯)五合(乙卯)母倉只宜祭祀。餘事不利。

辰日值開　(戊辰)天恩四相(壬辰)時陽時德(庚辰)時陽生氣(丙辰)月德生氣均宜祭祀、祈福、求嗣、入學、上官赴任、結婚姻、移徙、修造動土、豎柱上梁、裁種、牧養。惟丙辰兼宜嫁娶、開市。(甲辰)為真無祿日。只宜祭祀。餘事不利。

按庚辰為無祿日。如在夏至前。太陽填祿。方可用。

巳日值閉　(己巳)四相玉宇(辛巳)天恩德合只宜祭祀、裁種、牧養。餘事不利。(癸巳)游禍(乙巳)血支(丁巳)復日一概無取。

按辛巳為無祿日。如在丙辛年午月、歲德合、月德合所會之辰。方可選用。

貴登天門時。夏至後、大暑前、日躔在未宮。為五月將。

乙日戌時　丙日酉時　丁日未時　戊日巳亥時　己日午戌時　庚日巳寅時

辛日子辰時　壬日丑卯時

四大吉時。夏至後、大暑前、宜用艮、巽、坤、乾、即寅巳申亥時。

六月六十甲子表

甲己年　乙庚年　丙辛年　丁壬年　戊癸年

建辛未　建癸未　建乙未　建丁未　建己未

六月

小暑六月節。天道東行。宜修造東方。

天德在甲。天德合在巳。月德在甲。月德合在巳。月空在庚。宜修造取土。

月建在未。月破在丑。月厭在巳。月刑在丑。月害在子。劫煞在申。災煞在酉。月煞在戌。

忌修造取土。

小暑後二十四日氣往亡。　土王用事後。忌修造動土。巳午日添母倉。

孟年	仲年	季年
碧白赤 白白黑 黃綠紫	紫黃綠 赤碧白 黑白白	白黑白 綠紫黃 白赤碧

未日起建（辛未）月恩聖心宜祭祀、祈福、求嗣、上官赴任、結婚姻、移徙、豎柱上梁、忌動土
牧養。（癸未）天恩不將（乙未）守日不將只宜祭祀、上官赴任、嫁娶。（丁未）守日聖心（己未）
守日四相均宜祭祀、上官赴任、惟己未兼宜移徙、牧養。

申日值除（甲申）二德不將宜祭祀、祈福、求嗣、上官赴任、結婚姻、嫁娶、移徙、修造動土、
豎柱上梁、栽種、牧養、破土安葬。（壬申）陽德（丙申）益後（戊申）除神（庚申）司命
只宜祭祀。餘事不利。

酉日值滿（己酉）天恩德合宜祭祀、祈福、求嗣、上官赴任、結婚姻、嫁娶、移徙、修造動土、
豎柱上梁、開市立券、交易、栽種、牧養。（癸酉）民日（乙酉）天巫（丁酉）福德（辛
酉）月恩只宜祭祀。餘事不利。

戌日值平（甲戌）二德只宜祭祀。餘事不利。（丙戌）月虛（戊戌）月煞（庚戌）土符
（壬戌）河魁諸事不宜。

亥日值定（己亥）德合四相（辛亥）三合六儀均宜祭祀、祈福、求嗣、上官赴任、結婚姻、移徙、
修造動土、豎柱上梁、立券交易、牧養。惟己亥兼宜栽種。（乙亥）陰德明堂（丁亥）時陰

玉宇宜修造動土豎柱上梁、牧養。惟乙亥兼宜結婚姻、立券、交易。（癸亥）四廢　一概無取。

按丁亥為無祿日。如在丁年月。歲德、歲德合、天幹三朋、或在大暑後。太陽填實祿空。方可選用。

子日值執　（甲子）天德月德　宜祭祀、祈福、求嗣、上官赴任、結婚姻、嫁娶、修造動土豎柱上梁、牧養、安葬。不忌破土　（戊子）解神　只宜祭祀。（丙子）鬬水龍（庚子）天刑（壬子）四廢　一概無取。

丑日值破　（己丑）德合　只宜祭祀。餘事不利。（乙丑）四擊（丁丑）九空（辛丑）朱雀（癸丑）月破　諸事不宜。

寅日值危　（丙寅）天恩母倉（戊寅）四相五富（庚寅）吠對金匱（壬寅）吠對五合（甲寅）吠對二德　均宜安床、開市、立券、交易、栽種、牧養。惟丙寅庚寅壬寅甲寅兼宜破土、啓攢。甲寅兼宜安葬。丙寅戊寅庚寅壬寅兼宜結婚姻。戊寅甲寅兼宜上官赴任、移徙、修造動土豎柱上梁。

卯日值成（丁卯）天喜天恩（己卯）德合天醫（辛卯）母倉吠對（癸卯）五合吠對（乙卯）三合吠對均宜入學、上官赴任、結婚姻、嫁娶、移徙、修造動土、竪柱上梁、開市、立券交易、牧養。惟丁卯辛卯癸卯乙卯兼宜破土、啓攢。丁卯己卯辛卯癸卯兼宜栽種。己卯辛卯兼宜祭祀、祈福、求嗣。

辰日值收（甲辰）二德普護宜祭祀、祈福、求嗣、上官赴任、結婚姻、嫁娶、移徙、修造動土、竪柱上梁、栽種、牧養、安葬。不忌破土（壬辰）天馬只宜祭祀、栽種、牧養。（丙辰）時德只宜祭祀、牧養。（戊辰）四相只宜祭祀。（庚辰）真無祿日。亦只宜祭祀。餘事不利。

巳日值開（己巳）德合福生（辛巳）天恩玉堂（癸巳）時陽生氣（乙巳）驛馬天后只宜祭祀、入學。餘事不利。（丁巳）大會諸事不宜。

午日值閉（庚午）六合鳴吠（壬午）天恩鳴吠（甲午）天赦二德均宜破土、安葬。惟甲午兼宜祭祀。其餘各事。亦不禁忌。因為德赦所會之辰。（戊午）天願只宜祭祀。餘事不利。（丙午）逐陣諸事不宜。

貴登天門時。大暑後、處暑前、日躔在午宮。為六月將。

乙日酉時　丙日申時　丁日午時　戊日辰戌時　己日巳時　庚日辰戌時

辛日卯亥時　壬日寅子時　癸日寅時

四大吉時。大暑後、處暑前。宜用癸、乙、丁、辛、即丑辰未戌時。

七月六十甲子表

七月

甲己年	乙庚年	丙辛年	丁壬年	戊癸年
建壬申	建甲申	建丙申	建戊申	建庚申

立秋七月節。天道北行。宜修造北方。

天德在癸。天德合在戊。月德在壬。月德合在丁。月空在丙。宜修造取土。

月建在申。月破在寅。月厭在辰。月刑在寅。月害在亥。劫煞在巳。災煞在午。月煞在未。

忌修造取土。

立秋前一日四絕。後九日氣往亡。

孟年	仲年	季年
紫黃白	白黑赤	碧白綠
綠碧白	白紫黃	赤白黑

申日起建（戊申）天赦德合（壬申）月德不將均。宜祭祀、祈福、求嗣、上官赴任、結婚姻、嫁娶、移徙、竪柱上梁、牧養、安葬。壬申、忌動土、破土。戊申、乃德合天赦所會之辰。其餘各事。皆不禁忌。（甲申）鳴吠不將（丙申）月空壬日（庚申）除神天倉宜上官赴任。惟甲中兼宜嫁娶。

按壬申日在立秋後。與月德併、故不以無祿論。丙申乃無祿日。必須在丙年月、歲德、歲德合、天幹三朋。或在處暑後。太陽填實祿空。方可選用。

酉日值除（癸酉）天德四相（丁酉）德合鳴吠均宜祭祀、祈福、求嗣、結婚姻、修造動土、竪柱上梁、牧養、破土、安葬。（乙酉）吉期鳴吠（巳酉）天恩鳴吠（辛酉）陰德鳴吠只宜破土、安葬。餘事不利。

戌日值滿（戊戌）德合母倉（壬戌）月恩月德均宜上官赴任、結婚姻、嫁娶、移徙、修造動土、竪柱上梁、開市、立券、交易、栽種、牧養、安葬。不忌破土（甲戌）六儀（丙戌）月空（庚戌）陽德只宜栽種、牧養，餘事不利。

按戊戌爲無祿日。如在戊癸年申月。天德合、歲德合、所會之辰。或在處暑後。太陽填實祿空方可選用。

亥日值平　（丁亥）德合普護宜祭祀、上官赴任、結婚姻、移徙、竪柱上梁、忌動土牧養。（乙亥）相日（己亥）普護（辛亥）天恩（癸亥）天德只宜祭祀。餘事不利。

按丁亥爲無祿日。如在丁壬年申月。歲德合、月德合所會之辰。方可選用。或在處暑前。太陽填實祿空。方可選用。

子日值定　（甲子）天恩福生（丙子）月空時陰（戊子）德合青龍（庚子）吠對時陰（壬子）月德吠對均宜祭祀、祈福、求嗣、上官赴任、移徙、修造動土、竪柱上梁、開市立券、交易、牧養。惟甲子丙子戊子壬子兼宜結婚姻、嫁娶。壬子兼宜栽種、破土安葬、啓攢。丙子兼宜破土、啓攢。戊子兼宜栽種、安葬。不忌破土

丑日值執　（丁丑）德合母倉（癸丑）天德母倉均宜祭祀、祈福、求嗣、上官赴任、修造動土、竪柱上梁、栽種、牧養、安葬。不忌破土惟丁丑兼宜結婚姻、嫁娶。（己丑）明堂只宜栽種。牧養。（乙丑）天恩只宜牧養。餘事不利。（辛丑）五墓一概無取。

按己丑為無祿日。如在處暑前、太陽填實祿空。方可選用。

寅日值破　(丙寅)天刑(庚寅)復日(甲寅)四廢(戊寅)月破(壬寅)大耗　一概無取。

卯日值危　(丁卯)天恩吠對(癸卯)天德四相　均宜祭祀、祈福、求嗣、上官赴任、結婚姻、嫁娶、移徙、安床、竪柱上梁。忌動土　立券、交易、牧養、安葬、啓攢。忌破土　(辛卯)益後吠對　只宜祭祀、啓攢。(己卯)五合只宜祭祀。(乙卯)四廢諸事不宜。

辰日值成　(戊辰)德合天喜(壬辰)月德母倉　均宜祭祀、祈福、求嗣、入學、修造動土、竪柱上梁、開市、立券、交易、牧養、安葬。不忌破土　(丙辰)三合金匱　只宜祭祀、入學。(甲辰)為真無祿日。只宜祭祀。餘事不利。(庚辰)復日諸事不宜。

巳日值收　(己巳)天願寶光(癸巳)天德四相(丁巳)五富六合　均宜祭祀、祈福、求嗣、上官赴任、結婚姻、嫁娶、移徙、竪柱上梁、只丁巳忌動土　開市、立券、交易、牧養。惟己巳癸巳兼宜修造動土、栽種。(辛巳)(乙巳)皆為真無祿日。只宜祭祀。餘事不利。

按辛巳、乙巳、日祿逢空、而無填實之神、故不取。

午日值開　(壬午)月德不將(戊午)德合不將　均宜祭祀、祈福、求嗣、入學、上官赴任、結婚姻、嫁娶、移徙、修造、動土、豎柱上梁、開市、栽種、牧養。（庚午）天馬生氣（甲午）時陽玉宇（丙午）月空玉宇只宜祭祀、入學。餘事不利。

未日值閉（癸未）天德（丁未）德合只宜祭祀餘事不利。（辛未）月空（乙未）血支（己未）月煞諸事不宜。

貴登天門時處暑後、秋分前、日躔在巳宮、爲七月將、

甲日酉時　乙日申時　丙日未時　丁日巳時　戊日卯酉時　己日辰時

庚日卯酉時　辛日戌時　壬日亥時　癸日丑時

四大吉時處暑後、秋分前、宜用甲、丙、庚、壬即卯午酉子時。

八月六十甲子表

甲己年	乙庚年	丙辛年	丁壬年	戊癸年
建癸酉	建乙酉	建丁酉	建己酉	建辛酉

八月

白露八月節。天道東北行。宜修造東北維。

天德在艮。月德在庚。月德合在乙。月空在甲。宜修造取土。

月建在酉。月破在卯。月厭在卯。月刑在酉。月害在戌。劫煞在寅。災煞在卯。月煞在辰。
忌修造取土。
白露後十八日氣往亡。　秋分前一日四離。

孟年
白白黃
白綠紫
碧黑赤

仲年
赤碧黑
黃白白
紫白綠

季年
綠紫白
黑赤碧
白黃白

酉日起建　（癸酉）月恩（乙酉）德合（丁酉）益後（辛酉）六儀只宜祭祀。餘事不利。
（己酉）五離諸事不宜。
戌日值除　（庚戌）天恩 月德 宜祭祀、祈福、求嗣、上官赴任、結婚姻、嫁娶、移徙、修造動土、豎柱上梁、栽種、牧養、安葬。不忌 破土　（甲戌）月空 母倉（丙戌）吉期 續世（戊戌）母倉 守日（壬戌）四相 守日 均宜祭祀、上官赴任、栽種。惟壬戌兼宜移徙修造動土豎柱上梁。
按戊戌無祿日。如在秋分前。太陽填祿方可用。
亥日值滿　（乙亥）德合 要安 宜祭祀、祈福、求嗣、上官赴任、結婚姻、移徙、修造動土、豎柱上梁、開市、立券、交易、牧養。（丁亥）相日福德（己亥）天巫天后均宜祭祀、祈福、移徙、開市、立券交易。（辛亥）天恩驛馬只宜祭祀、祈福移徙。（癸亥）月恩只宜祭祀。餘事不利。

子日值平（甲子）月空（丙子）時德（戊子）民日（庚子）陽德壬子玉宇只宜祭祀。餘事不利。

丑日值定（乙丑）德合母倉（癸丑）天恩四相均宜祭祀、祈福、求嗣、上官赴任、移徙、修造動土、豎柱上梁、立券交易、牧養。惟乙丑兼宜結婚姻、嫁娶、安葬。不忌破土（丁丑）母倉三合只宜結婚姻、嫁娶、修造動土豎柱上梁、立券交易牧養。（辛丑）復日（己丑）為真無祿日。一概無取。

寅日值執（丙寅）地囊（戊寅）歸忌（庚寅）小耗（壬寅）劫煞（甲寅）八專一概無取。

卯日值破（丁卯）天火（己卯）衛陽（辛卯）復日（癸卯）月破（乙卯）四廢諸事不宜。

辰日值危（庚辰）天願月德宜祭祀、祈福、求嗣、上官赴任、結婚姻、嫁娶、移徙、安床、修造動土、豎柱、上梁、開市、立券、交易、栽種、牧養、安葬。不忌破土其餘各事亦不禁忌。因為德合所會之辰

（壬辰）四相只宜祭祀。（戊辰）四擊（甲辰）月煞（丙辰）天刑諸事不宜。

巳日值成（己巳）天喜三合（辛巳）天喜不將（癸巳）天喜普護（乙巳）天喜德合（丁巳）天喜臨日均宜祭祀、祈福、入學、上官赴任、結婚姻、嫁娶、移徙、修造動土、豎柱上梁、開市、立券、交易、牧養、惟癸巳乙巳兼宜求嗣。己巳辛巳癸巳丁巳兼宜栽種。

按辛巳為無祿日。如在酉年酉月。歲月填實祿空。方可選用。乙巳又為無祿日。如在乙庚年酉月。歲德合、月德合、所會之辰。或在乙年乙月、歲德、歲德合。天幹三朋。方可選用。

午日值收（庚午）月德（壬午）天恩（甲午）鳴吠（丙午）金匱（戊午）福生只宜祭祀。餘事不利。

未日值開（辛未）母倉不將（癸未）天恩不將（乙未）德合寶光（丁未）天倉生氣（己未）時陽寶光均宜祭祀、祈福、求嗣、入學、上官赴任、移徙、豎柱上梁、忌動土牧養。惟癸未乙未兼宜結婚姻、嫁娶辛未兼宜嫁娶乙未兼宜開市。

申日值閉（甲申）月空鳴吠（丙申）五富鳴吠（戊申）天赦聖心（庚申）月德鳴吠均宜祭祀、牧養、安葬、

惟甲申兼宜栽種、破土。戊申庚申兼宜立券、交易、栽種庚申兼宜破土：（壬申）

為真無祿日。只宜祭祀。餘事不利。

按丙申為無祿日。如在秋分前太陽填實祿空。方可選用。

貴登天門時。秋分後、霜降前日躔在辰宮為八月將。

甲日申寅時　乙日未卯時　丙日午時　丁日辰時　己日卯時　辛日酉時

壬日戌時　癸日子時

四大吉時。秋分後、霜降前宜用艮、巽、坤、乾、即寅巳申亥時。

九月六十甲子表

甲己年　乙庚年　丙辛年　丁壬年　戊癸年

建甲戌　建丙戌　建戊戌　建庚戌　建壬戌

九月

寒露九月節。天道南行。宜修造南方。

天德在丙。天德合在辛。月德在丙。月德合在辛。月空在壬。宜修造取土。

月建在戌。月破在辰。月厭在寅。月刑在未。月害在酉。劫煞在亥。災煞在子。月煞在丑。

忌修造取土。
寒露後二十七日氣往亡。　土王用事後。忌修造動土。巳午日添母倉。

孟年
紫黃綠
赤碧白
黑白白

仲年
白黑白
綠紫黃
白赤碧

季年
碧白赤
白白黑
黃綠紫

戌日起建（丙戌）天德月德（庚戌）天恩月恩（壬戌）母倉四相均宜祭祀、上官赴任、移徙、牧養、惟丙戌壬戌兼宜祈福、求嗣、結婚姻、豎柱上梁。忌動土丙戌兼宜嫁娶、安葬。忌破土（甲戌）白虎（戊戌）復日諸事不宜。
亥日值除（辛亥）德合天恩宜祭祀、祈福、求嗣、上官赴任、移徙、豎柱上梁。忌動土牧養。（癸亥）敬安只宜祭祀。（乙亥）重日（丁亥）八風（己亥）上符一概無取。
子日值滿（丙子）二德普護宜祭祀、祈福、求嗣、上官赴任、結婚姻、嫁娶、修造動土、豎柱上梁、開市、立券、交易、栽種、牧養、破土、安葬、啓攢。（甲子）普護（戊子）民日（庚子）天巫（壬子）月空只宜祭祀。餘事不利。

丑日值平　（辛丑）德合只宜祭祀。　（乙丑）天罡（丁丑）死神（己丑）月煞（癸丑）觸水龍諸事不宜。

寅日值定　（丙寅）月厭（戊寅）復日（庚寅）九坎（壬寅）九焦（甲寅）孤辰諸事不宜。

卯日值執　（辛卯）天願德合（癸卯）四相六合均宜祭祀、祈福、求嗣、上官赴任、結婚姻、嫁娶、移徙、修造動土、豎柱上梁、栽種、牧養、破土、安葬、啓攢。惟辛卯兼宜開市、立券、交易、其餘各事亦不禁忌。因為德願所會之辰　（丁卯）天恩六合（己卯）天恩五合宜祭祀、祈福、結婚姻、嫁娶、安葬。己卯不忌破土惟丁卯兼宜破土、啓攢。　（乙卯）聖心只宜祭祀。餘事不利。

辰日值破　（戊辰）青龍（庚辰）解神（壬辰）益後（甲辰）母倉（丙辰）二德只宜祭祀。餘事不利。

巳日值危　（辛巳）德合不將（癸巳）四相不將均宜祭祀、上官赴任、結婚姻、嫁娶、移徙、安床、修造動土、豎柱上梁、栽種、牧養　（己巳）陰德（乙巳）明堂（丁巳）續世只宜祭祀、安床。餘事不利。

按辛巳為無祿日。如在丙辛年戊月。歲德合、月德合。所會之辰。方可選用。乙巳又為無祿日。如在霜降後。太陽填實祿空方可選用。

午日值成（庚午）天喜月恩（壬午）天喜三合（甲午）天喜要安（丙午）天喜二德（戊午）天喜不將均宜入學、上官赴任、結婚姻、嫁娶、移徙、修造動土、竪柱上梁、開市、立券交易。惟庚午壬午丙午兼宜祭祀、祈福、求嗣、栽種、牧養。庚午壬午甲午丙午兼宜破土、安葬。

未日值收（辛未）德合（癸未）玉宇只宜祭祀。（乙未）朱雀（丁未）八風（己未）八專一概無取。

申日值開（甲申）生氣金堂（丙申）二德除神（戊申）天赦驛馬（庚申）月恩天后均宜祭祀、祈福、求嗣、入學、上官赴任、移徙、修造動土、竪柱上梁、開市、栽種、牧養。惟丙申戊申兼宜結婚姻、嫁娶。（壬申）為真無祿日。只宜祭祀。餘事不利。

酉日值閉（癸酉）寶光（辛酉）德合只宜祭祀。（乙酉）五離（丁酉）月害（己酉）血支一概無取。

貴登天門時。霜降後、小雪前、日躔在卯宮。為九月將。

甲日未丑時　乙日午寅時　丙日巳卯時　丁日卯時　壬日酉時　癸日酉亥時

四大吉時。霜降後、小雪前、宜用癸、乙、丁、辛、即丑辰未戌時。

十月六十甲子表

甲己年	乙庚年	丙辛年	丁壬年	戊癸年
建乙亥	建丁亥	建己亥	建辛亥	建癸亥

十月

立冬十月節。天道東行。宜修造東方。

天德在乙。天德合在庚。月德在甲。月德合在己。月空在庚。宜修造取土。

月建在亥。月破在巳。月厭在丑。月刑在亥。月害在申。月劫煞在申。災煞在酉。月煞在戌。

忌修造取土。

立冬前一日氣四絕。　後十日往亡。

孟年

白	白	白
紫	黑	綠
黃	赤	碧

仲年

赤	碧	黃
白	白	白
黑	綠	紫

季年

綠	紫	黑
碧	黃	赤
白	白	白

亥日起建　（乙亥）天德（丁亥）續世（辛亥）王日（癸亥）寶光只宜祭祀。餘事不利。

（己亥）九坎諸事不宜。

子日值除　（甲子）天赦月德（庚子）月空吠對均宜祭祀、祈福、求嗣、上官赴任、結婚姻、嫁娶、移徙、修造動土、豎柱上梁栽種牧養安葬、惟甲子諸事不忌。因為赦德所會之辰庚子兼宜破土、啓攢。（丙子）天馬吠對只宜上官赴任、移徙、破土、啓攢、（戊子）歲薄（壬子）復日一概無取。

丑日值滿　（乙丑）天德（丁丑）天巫（己丑）玉宇（辛丑）守日（癸丑）玉堂只宜祭祀。餘事不利。

寅日值平　（丙寅）天恩六合（戊寅）五富時德（庚寅）五合不將（壬寅）天願吠對（甲寅）月德金堂均宜上官赴任、移徙、豎柱上梁開市、立券交易、牧養、惟丙寅戊寅庚寅壬寅兼宜結婚姻、嫁娶、丙寅庚寅壬寅甲寅兼宜修造動土、栽種。只戊寅忌動土　丙寅庚寅甲寅兼宜破土、安葬、啓攢。戊寅兼宜安葬。忌破土

卯日值定　（丁卯）天恩三合（己卯）德合不將（辛卯）五合不將（癸卯）時陰不將（乙卯）天德四相均宜上官赴任、結婚姻、嫁娶、移徙、修造動土、豎柱上梁開市、立券交易、牧養。惟己卯乙卯兼

宜祭祀、祈福求嗣。己卯兼宜栽種。丁卯辛卯癸卯乙卯兼宜破土啓攢。乙卯己卯兼宜安葬。只己卯不忌破土

辰日值執（庚辰）天恩陽德（甲辰）月德四相均宜祭祀、祈福、求嗣、上官赴任、結婚姻、嫁娶、移徙、豎柱上梁、忌動土。牧養安葬。忌破土。（戊辰）小耗（壬辰）復日（丙辰）天賊一概無取。按庚辰爲無祿日。如在乙庚年亥月。天德合歲德合所會之辰方可選用甲辰雖爲無祿日因與月德併。不以無祿論。

巳日值破（己巳）德合（乙巳）天德只宜祭祀、餘事不利（辛巳）重日（癸巳）月破（丁巳）四廢一概無取。

午日值危（庚午）德合鳴吠（甲午）月德四相均宜祭祀、祈福、求嗣、上官赴任、結婚姻、嫁娶、移徙、安床、修造動土豎柱上梁、栽種、牧養、破土安葬。（壬午）青龍（丙午）普護（戊午）普護只宜祭祀。餘事不利。

未日值成（辛未）天喜福生（癸未）三合六儀（乙未）天德月恩（丁未）天醫臨日（己未）天喜德合均宜祭祀、祈福、入學、修造動土豎柱上梁、開市立券交易、惟乙未己未兼宜求嗣、牧養安葬。

不忌破土辛未癸未乙未兼宜結婚姻。己未兼宜栽種。

申日值收 （甲申）月德鳴吠（庚申）月空鳴吠均宜祭祀、祈福、求嗣、上官赴任、移徙、修造動土、豎柱上梁、栽種、牧養、破土、安葬。惟甲申兼宜結婚姻、嫁娶。（壬申）復日（丙申）天罡、（戊申）地囊一概無取。

酉日值開 （乙酉）月恩天德（己酉）德合母倉均宜祭祀、祈福、求嗣、入學、上官赴任、結婚姻、嫁娶、移徙、修造動土、豎柱上梁、開市、牧養。惟己酉兼宜栽種。（癸酉）生氣（丁酉）聖心（辛酉）除神只宜祭祀、入學。餘事不利。

戌日值閉 （甲戌）月德（庚戌）天恩只宜祭祀。餘事不利。（丙戌）血支（戊戌）絕陽（壬戌）復日諸事不宜。

貴登天門時。小雪後、冬至前日躔在寅宮為十月將。

甲日子午時 乙日丑巳時 丙日寅辰時 癸日戌申時

四大吉時。小雪後、冬至前、宜用甲、丙、庚、壬、即卯午酉子時。

十一月六十甲子表

十一月

甲己年 乙庚年 丙辛年 丁壬年 戊癸年
建丙子 建戊子 建庚子 建壬子 建甲子

大雪十一月節。天道東南行。宜修造東南維。
天德在巽。月德在壬。月德合在丁。月空在丙。宜修造取土。
月建在子。月破在午。月厭在子。月刑在卯。月害在未。劫煞在巳。災煞在午。月煞在未。
忌修造取土。
大雪後二十日氣往亡。 冬至前一日四離。

孟年	仲年	季年
赤碧黑	綠紫白	白白黃
黃白白	黑赤碧	白綠紫
紫白綠	白黃白	碧黑赤

子日起建。(甲子)天赦只宜祭祀。餘事不利。 (丙子)觸水龍(戊子)月厭(庚子)
地火(壬子)六蛇諸事不宜。
丑日值除 (乙丑)天恩、六合(丁丑)德合不將(辛丑)陰德不將(癸丑)天願寶光均宜祭祀、祈福、上官赴任、結婚姻、嫁娶、立券、交易、惟乙丑丁丑癸丑兼宜求嗣、移徙、修造、動土、豎柱、上梁、牧養。乙丑丁丑辛丑均不忌破土　兼宜安葬。癸丑兼宜開市、栽種。丁丑亦宜栽種。

（己丑）爲真無祿日只宜祭祀、餘事不利。

寅日値滿　（丙寅）天恩月空（戊寅）天馬福德（庚寅）不將五合（壬寅）月德不將（甲寅）月恩四相均宜修造動土、豎柱、上梁、開市、立券、交易、栽種、牧養。惟壬寅兼宜上官、赴任、結婚姻、嫁娶、破土、安葬、啓攢。甲寅兼宜上官赴任、破土、啓攢。丙寅庚寅兼宜破土、啓攢。庚寅兼宜嫁娶。

卯日値平　（丁卯）德合只宜祭祀。餘事不利。（己卯）天罡（辛卯）地囊（癸卯）役日

（乙卯）天吏諸事不宜。

辰日値定　（戊辰）天恩三合（壬辰）月德不將（甲辰）天倉四相（丙辰）月空時陰均宜祭祀、祈福、上官赴任、結婚姻、嫁娶、修造、動土、豎柱、上梁、立券、交易、惟壬辰甲辰兼宜求嗣、移徙、牧養。壬辰兼宜栽種、安葬。不忌破土　（庚辰）爲真無祿日。只宜祭祀。餘事不利。

按甲辰爲無祿日。如在冬至前、太陽填實祿空方可選用。

巳日值執（己巳）五富（辛巳）天恩（癸巳）益後（乙巳）四相（丁巳）德合只宜祭祀。餘事不利。

午日值破（壬午）月德只宜祭祀。餘事不利。（庚午）招搖（甲午）大耗（丙午）哭臨（戊午）天火諸事不宜。

未日值危（乙未）要安（丁未）德合只宜祭祀。餘事不利。（辛未）月煞（癸未）四擊（己未）八專一概無取。

申日值成（壬申）月德天喜（甲申）月恩天喜（戊申）三合天喜（庚申）青龍天喜均宜入學、上官赴任、移徙、豎柱上梁。忌動土 開市立券、交易、牧養。惟壬申甲申兼宜祭祀、祈福、求嗣、結婚姻、嫁娶、安葬。忌破土 戊申兼宜結婚姻、嫁娶、庚申兼宜安葬。忌破土（丙申）為真無祿日。只、宜祭祀。餘事不利。

酉日值收（乙酉）除神（丁酉）金堂只宜祭祀。餘事不利。（癸酉）復日（己酉）咸池（辛酉）五離一概無取。

戌日值開（甲戌）時陽月恩（丙戌）時陽月空（庚戌）時陽天恩（壬戌）時陽月德均宜祭祀、祈福、求嗣、入學、修造、動土、豎柱上梁、栽種、牧養。惟甲戌壬戌兼宜結婚姻。壬戌兼宜開市。

(戊戌)天刑爲真無祿日。只宜祭祀、餘事不利。

亥日值閉　(乙亥)四相(丁亥)王日均宜祭祀、牧養、惟丁亥兼宜栽種。餘事不利。

(己亥)游禍(辛亥)重日(癸亥)復日一概無取。

按丁亥爲無祿日。如在丁壬年子月歲德合、月德合所會之辰、方可選用。

貴登天門時。冬至後、大寒前日躔在丑宮爲十一月將。

甲日巳亥時　乙日辰子時　丙日丑時　丁日卯時　己日辰時　癸日未酉時

四大吉時。冬至後、大寒前宜用艮、巽、坤、乾、即寅巳申亥時。

十二月六十甲子表

十二月

甲己年	乙庚年	丙辛年	丁壬年	戊癸年
建丁丑	建己丑	建辛丑	建癸丑	建乙丑

小寒十二月節。天道西行。宜修造西方。

天德在庚。天德合在乙。月德在庚。月德合在乙。月空在甲。宜修造取土。

月建在丑。月破在未。月厭在亥。月刑在戌。月害在午。劫煞在寅。災煞在卯。月煞在辰。

忌修造取土。

小寒後三十日氣往亡。土王用事後。忌修造動土。巳午日添母倉。

孟年：白黑白　綠紫黃　白赤碧

仲年：碧白赤　白白黑　黃綠紫

季年：紫黃綠　赤碧白　黑白白

丑日起建（乙丑）德合四相（辛丑）月恩不將 均宜祭祀、祈福、求嗣、結婚姻、豎柱上梁、忌動土 牧養。惟乙丑兼宜安葬。忌破土（丁丑）往亡（己丑）復日（癸丑）陽錯 一概無取。

寅日值除（庚寅）二德五合 宜上官赴任、結婚姻、嫁娶、移徙、修造動土、豎柱上梁、立券、交易、栽種、牧養、破土、安葬、啓攢。（丙寅）劫煞（戊寅）五虛（壬寅）天賊（甲寅）八風 一概無取。

卯日值滿（乙卯）德合吠對 宜祭祀、祈福、求嗣、上官赴任、結婚姻、嫁娶、移徙、豎柱上梁。忌動土 開市、立券、交易、牧養、安葬、啓攢。忌破土（丁卯）寶光（己卯）金堂（辛卯）天巫

(癸卯)天倉只宜祭祀。餘事不利。

辰日值平　(庚辰)二德只宜祭祀餘事不利。　(戊辰)死神(壬辰)白虎(甲辰)河魁

(丙辰)月煞諸事不宜。

巳日值定　(乙巳)德合四相(辛巳)天恩月恩均宜祭祀、祈福、求嗣、上官赴任、結婚姻、移徙、修造動土、豎柱上梁、立券交易、牧養。惟乙巳兼宜嫁娶。　(己巳)三合六儀(癸巳)時陰玉堂宜結婚姻、修造動土、豎柱上梁、立券交易、牧養。　(丁巳)四廢諸事不宜。

按乙巳爲無祿日。如在乙庚年丑月歲德合月德合所會之辰方可選用。辛巳又爲無祿日。如在辛年月歲德歲德合天幹三朋方可選用。

午日值執　(庚午)二德鳴吠宜祭祀、祈福、求嗣、上官赴任、結婚姻、嫁娶、移徙、修造動土、豎柱上梁、栽種牧養、破土安葬。　(甲午)解神只宜祭祀。餘事不利。　(壬午)咸池

(丙午)四廢(戊午)大敗一概無取。

未日值破　(辛未)月恩(癸未)天恩(乙未)四相(己未)普護只宜祭祀。餘事不利。

(丁未)陽破諸事不宜

申日值危（甲申）月空鳴吠（庚申）二德鳴吠均宜祭祀、上官赴任、移徙、修造動土、豎柱上梁、開市、裁種、牧養、破土、安葬。惟庚申兼宜立券、交易。（戊申）五富只宜祭祀、開市、裁種、牧養。（丙申）（壬申）爲真無祿日。只宜祭祀。餘事不利。

酉日值成（癸酉）天喜母倉（乙酉）天喜德合（丁酉）天喜鳴吠（己酉）天喜二合（辛酉）天喜除神均宜入學、上官赴任、結婚姻、嫁娶、移徙、豎柱上梁、開市、立券、交易、牧養。惟乙酉辛酉兼宜祭祀、祈福、求嗣。乙酉丁酉己酉辛酉兼宜修造動土。惟癸酉忌動土丁酉己酉辛酉兼宜裁種。癸酉兼宜安葬。忌破土乙酉丁酉辛酉兼宜破土、安葬。

戌日值收（甲戌）月空（丙戌）青龍（戊戌）聖心（庚戌）二德（壬戌）青龍只宜祭祀。餘事不利。

亥日值開（乙亥）德合生氣宜祭祀、祈福、求嗣、入學、修造動土、豎柱上梁、開市、牧養。（己亥）陰德（辛亥）益後只宜祭祀、入學。（丁亥）月厭爲真無祿日。只宜祭祀。餘事不利。（癸亥）四窮諸事不宜。

子日值閉（丙子）六合吠對（庚子）二德吠對均宜祭祀、安葬、啓攢。忌破土（甲子）天赦天願宜祭祀、安葬。不忌破土其餘各事亦不禁忌。因為赦德所會之辰(戊子)續世(壬子)官日只宜祭祀。餘事不利。

貴登天門時，大寒後、雨水前、日躔在子宮為十二月將。

甲日辰戌時　乙日卯亥時　丙日子時　丁日寅時　巳日卯時　壬日申時

癸日午申時

四大吉時。大寒後、雨水前、宜用癸、乙、丁、辛、即丑辰未戌時。

辨譌篇

論大偷修日之非

沈亮功曰。通書以壬子、癸丑、丙辰、丁巳、戊午、巳未、庚申、辛酉、八日。為諸神朝天。名大偷修日。不拘山向中宮。亦不論有無凶神占守。皆可修動。但神之朝天。何以知之。即或朝天。亦未必拘此八日。萬一不朝天而犯之。將何以解救。即幸而朝天。不加之罪。異日還位。能無譴責乎。以人情物理推之。其為揑造曉然矣。況有破壞須修營者。可擇太歲以下神煞出遊日。併工修之。何必取此八日乎。

論二十八宿無關吉凶

虛危室壁奎婁胃　昴畢觜參井鬼柳
星張翼軫角亢氐　房心尾箕斗牛女

考原曰。日有六十。宿有二十八。綜四百二十日爲一週。故有七元之說。一元甲子起虛。二元甲子起奎。三元甲子起畢。四元甲子起鬼。五元甲子起翼。六元甲子起氐。七元甲子起箕。七元盡而甲子又起虛。週而復始。蓋以虛宿隸於子宮。故自虛宿挨日順排。但一元起於何年月日。則不可得而考矣。其以虛昴星房配日。危畢張心配月。室觜翼尾配火。壁參軫箕配水。奎井角斗配木。婁鬼亢牛配金。胃柳氐女配土者。猶十幹之加於十二枝。非謂七政之果躔於此宿也。其說出於西域、吉凶時日、善惡宿曜經。以彼國不知天幹地枝之名。故用二十八宿以紀日。今時憲書亦鋪注於六十甲子之下。而無所用。歷家存此。不過使絕域殊方。共曉某禽值日。係何甲子也。觜、進爲切、請如過支類。

按考原曰。今時憲書。鋪註二十八宿、於六十甲子之下。而無所用。歷家存此。不過使絕域殊方。共曉某禽值日。係何甲子。細繹其義。並不主何吉凶。惟玉匣記通書所載。強以東漢雲臺二十八將配之。繪其圖像。編為俚諺。指吉為吉。指凶為凶。曰某日嫁娶。生得兒孫福壽全。某日嫁娶。男女孤眠不一雙。某日造作。歲歲年年大吉昌。某日造作，兄弟相嫌似虎狼。某日埋葬。高官進職拜君王。某日埋葬。三年之後主癌瘟。一令人喜。一令人懼。淆惑聽聞。莫此為甚。考其起例。並不論年月幹枝。旺相休囚。及刑衝尅害。惟分十二吉十六凶。其中又有吉者判凶。凶者判吉。顛倒錯亂。惝恍迷離。誠偽煞中之尤者。故不惜辭而闢之。

論重復日之誤

協紀辨方書曰。舊本重復日。忌為凶事。利為吉事。故忌破土、安葬、啓攢。然其義亦泛矣。夫葬乘生氣。經有明文。今選擇家亦以無祿、四廢、為凶日。若復日則皆令星。孟仲月又皆建祿。其吉自無可疑。巳、亥。為陰陽盡日。亦大率云然。而推以一二月。參以三合。此二日無皆凶之理。乃惟此之忌。而不避刑、厭、三煞之凶。且所宜又止於鳴吠日。而舍德、赦、六合之吉。而不知用。是與嫁娶之僅取不將。而不取德、合。惟忌章光無翹、而不忌刑、衝、破、害等也。婚葬為人事之始終。而俗論拘忌若此。深為不便。顧相傳已久。遽去之、轉不足以牖世。故遇鳴吠、則忌遇德、赦、六合、則不忌。識者自能辨之。亦不註宜。聊以從俗云爾。

又曰、復日、乃月建所同之幹、如正月建寅為陽木。而甲亦陽木。故正月以甲為復日。七月建申為陽金。而庚亦陽金。故七月以庚為復日。即曹震圭所謂正月甲。二月乙。三月戊。四月丙。五月丁。六月己。七月庚。八月辛。九月戊。十月壬。十一月癸。十二月己、是也。世俗作為歌訣云。正七連庚甲。通書因誤以正月之庚日。七月之甲日。皆為復日。逐月皆誤。俱宜改正。

論董氏諏吉新書之不足憑信

董氏諏吉新書。世多刊本。自上海書賈、附印於各種便覽之書。傳播益夥。據嘉慶二十二年丁丑。浙東散人蔣雲、奇峰、序例云。董氏名德彰、號銀峯。不知何時人。其實原書於八月定日。指駁協紀辨方書。謂丁丑己丑二日宜婚姻等事。此語更謬云云。考協紀成於乾隆六年辛酉。董氏得見此書而駁之。是必乾隆中葉時人矣。蔣序何以

謂為不知何時人也。蓋蔣氏意在假託古籍。覩其例言、與全書語氣。如出一手。可以
斷定其書為蔣氏偽作、非實有董氏銀峯其人也。其全書註宜註忌。亦多與時憲書
相反。顛倒錯亂。指不勝屈。且云、擇日務將此書、與時憲書校對。時憲書未見大吉。此
書吉、用之無妨。若時憲書吉。此書不吉。切不可用。猖狂悖謬。姑不具論。茲就其凡例
所稱。最重要之凶煞吉神言之。曰金神七煞。切不可犯。煞貢、人專、直星、能解諸凶。惟
不能解金神七煞。並編作俚歌云。角、亢、奎、婁、鬼、牛、星。出兵便是不回兵。行船定被大
風打。居官未滿即遭刑。起造婚姻逢此日。不出三年見哭聲。世人若知避七煞。官商
士庶永豐榮。夫二十八宿、不主吉凶。協紀辨方書、班班可考。玉匣記、強以東漢雲臺
二十八將配之。指吉為吉。指凶為凶。固已不理於人口。而趣吉新書。乃棄二十一宿、
而論七宿。似覺獨標新異。其實命名為金神七煞。仍是鈔襲玉匣記耳。查玉匣記。所
謂金神七煞者。甲己年午未日。乙庚年辰巳日。丙辛年子丑寅卯日。丁壬年戌亥日。
戊癸年申酉日。考其起例。蓋以五虎遁法。遁庚辛幹臨枝者。即名其日為金神七煞。
以此附會。名為金神。猶有說焉。若名七煞。則無從附會。蓋甲木以庚金為七煞。甲年

午日遁庚似矣。未日遁辛則非。乙年、巳日遁辛似矣。辰日遁庚則非。巳年、午日遁庚。未日遁辛。庚年辰日遁庚。巳日遁辛則更非。其餘六幹。不辨而亦知其非。命名金神七煞。已是兩不相屬。妄言大凶以欺人。識者嗤之。乃諏吉新書。不辨其是非。不明其起例。轉以角、亢、奎、婁、鬼、牛、星、七宿值日。名為金神七煞。百事皆忌。既無年月幹枝之可考。又無生剋合衛之可言。任意揑造。斷難憑信。至於煞貢、人專、直星、完全本諸玉匣。毫無義理。協紀書謂為荒誕不經。而諏吉新書。竟推波助瀾。尤而效之。其為不足辨論。更無疑義。至觀全書月表言吉星、則曰黃羅紫檀、天皇地皇、金銀庫樓田塘、月財庫珠、駕馬御聖、游玩帝馭。言凶煞。則曰紅沙白虎、鬼哭神號、煞集中宮、天地轉煞、活曜土鬼、黑煞將軍、既非實有此星。又且必無此理。協紀奏議篇云。其他神煞譌謬錯誤。尚有出於臣等所奏之外者。此類是也。或曰如子所言。諏吉新書。謬妄如此。固不足憑信矣。然百餘年來。傳播甚廣。此何故耶。曰有二說焉。作此書者。善用誘惑恐嚇之術。其令人喜也、則曰用某月某日。在六十日、或一百二十日內。進橫財、增田產、貴人接引、加官進爵。其令人懼也、則曰用某月某日、在六十日。或一百二十日內。損家長害子孫、馬踼虎傷、口舌官司。禍福兩途。言之鑿鑿。使人不得不信。卽不敢不從。且其書文雖鄙俚。而月表編次簡明。無須師承口授。略一翻閱。卽能了解。較之協紀辨方書、卷帙繁重、議論淵深、大相懸絕。故人尤樂觀之。其勢幾在協紀辨方以上。吾恐邪說詖行。誣民惑世。不可嚮邇。而選吉高深之學理。將卒少研求。爰不避僭妄。略舉一二、俾海內閱其書者。知別真偽。而定從違。若謂好辯、而漫肆攻訐。摘人之短。而顯己之長、此則非吾之所敢出也。

按董氏諏吉新書。既斷為蔣奇峯偽作。甫脫稿。偶閱長歷鈎元。一名綈袠寶書。內容與諏吉新書相同。惟無協紀更謬等字樣。其序云。余得無極子指授粗知擇吉涯略。然未敢自信。今先將家藏潘氏刊本前明董銀峯所著。長歷鈎元。重校付梓。末署同治十一年棱伽山民識。似此則董銀峯為前明人。其書原名為長曆鈎玄也。棱伽山民、既得無極子指授。粗知擇吉涯略。於此書何以無一字發明。依樣壺盧。改頭換面。是棱伽山民。又一誕妄之蔣奇峯耳。其為毫無義理。不足憑信則一也。按人子須知。曾採董銀峯地理學說。未聞有選吉專書也。

附錄篇

選吉總論

協紀辨方書曰。舉事無細大。必擇其日辰。義歟、曰、敬天也。記曰、易抱龜南面。天子卷冕北面。雖有明智之心。必進斷其知焉。示不敢專。以尊天也。夫古之君子。居則觀其象。而玩其辭。一事之至。其合於何卦何爻。應有何變何應。早已謀諸乃心而灼然。況又謀及卿士大夫。至於庶民。夫亦何患其不審。乃又必動則觀其變而玩其占耶。凡以血氣心知之性。必合諸虛靈不昧之天。而後天下之理得。使足已而不問。則未事而先失也。選擇之義。亦猶夫是。天地神祇之所向則順之。所忌則避之。既奉若於宮廷。以彰昭事之忱。又申布於閭左。以協休嘉之氣。凡以敬天云爾。如曰若是則福。不若是則禍。則術士之曲說。而非其本原也。王充論衡。闢之不遺餘力。則又儒士拘迂。而未見大義。善夫荀悅申鑒曰。或問時羣忌。曰、此天地之數也。非吉凶所從生也。夫知其爲天地之數。則固修身者所當順也。知其非吉凶所從生。則一切拘牽謬悠之說具廢。而所爲順之避之者。亦必有道矣。

論本命年及本命日百事不宜之謬

世俗以甲子命、則年日忌用甲子。乙丑命、則年日忌用乙丑。謂爲年日幹枝、與本命幹枝相同。名曰本命年本命日。百事不宜。坐誤良辰。比比皆是。殊不知年日幹枝、與本命幹枝相同。正得資助比和之妙。並無刑衝尅害之虞。何害之有。玆據協紀辨方書、論相主篇曰。通書云。本命日、不宜用事。諸曆皆無明說。惟見道藏經。今選擇家通忌天尅地衝。並忌天比地衝。又忌葬日納音、尅化命納音。而地枝相衝者云云。可見本命日、並無犯忌之說。論相主篇又云。楊筠松爲巳巳亡命安葬。選四巳巳。爲比肩上吉格。今人忌本命何歟。可見本命日、非惟不以凶言。且可以上吉論也。再證以崇正闢謬卷八所載楊公爲江氏豎造辛亥主命。選辛亥、乙未、乙亥、丁亥。又爲某氏安葬。巳卯化命。選巳卯、乙亥、辛卯、辛卯。更可見本命年不獨無禍。且能召福。世俗不察。誤以爲凶。吾無責焉。乃竟有操選吉之職者。不辨是非。而亦隨聲附和之。豈不大可怪哉。

論往亡與氣往亡之異同

曆例曰。往亡者正月寅。二月巳。三月申。四月亥。五月卯。六月午。七月酉。八月子。九月辰。十月未。十一月戌。十二月丑。又曰。氣往亡者。立春後七日。驚蟄後十四日。皆自交節日數之。云云。如初一立春。初七為氣往亡。十一驚蟄。二十四為氣往亡。餘倣此。前清歷書。皆如此推。詳見本書第七十六頁。就其起例觀之。大異。協紀辨方書曰。往亡氣往亡。忌上官赴任、嫁娶、移徙。雖與德合赦願併。猶忌。就其所忌論之。實同。本書月表。須知篇。但載氣往亡。而不載往亡者。蓋正寅二巳之往亡。皆可預定。所以月表吉凶篇內。凡遇此日。皆不註宜上官赴任、嫁娶、移徙等字樣。即不辨往亡。亦無不可。若氣往亡。皆以節令後日期為主。斷難預定。凡遇此日。雖月表篇有註宜上官赴任、嫁娶、移徙。亦不可用。故於月表須知篇中。鄭重言之。免致閱者臨時忽略也。

建寅不始於夏說

四書摭餘說曰。建正之月、自堯以來。皆以寅月為歲首。虞書正月上日。月正元日。並寅月也。北史李業興傳。載梁武之言曰。寅賓出日。即是正月。日中星鳥。以殷仲春。即是二月。羅泌曰。觀舜之分巡四岳。必按四仲。則知其建寅同矣。董仲舒謂舜紹堯。改正朔、恐未可信。蔡氏書傳言三正迭建。其來久矣。子丑之建、唐虞之前。當已有之。則改朔亦不自夏始。而爲邦首夏正者。明乎夏數得天。堯舜之所同也。

釋建除十二神之義

考原曰。按月建十二神。除、危、定、執、成、開、爲吉。建、破、平、收、滿、閉、爲凶。歷書所謂建滿平收黑。除危定執黃成開皆可用。閉破不相當者也。選擇宗鏡、以四利三元、諸神相配。吉凶亦未盡合。如以建爲太歲。除爲太陽。滿爲喪門。破爲歲破。危爲龍德。此相合者也。至以平爲太陰。定爲官符。執爲死符。成爲白虎。收爲福德。開爲弔客。此不相合者也。大抵凡日吉神多則吉。凶神多則凶。又各視其神之宜忌。以爲趨避。亦未可以執一而論也。

協紀辨方書曰。建者一月之主。故從建起義。而參伍於十二辰、古之所謂建除家言也。建次爲除。除舊布新。月之相氣也。一生二。二生三。三者數之極。故曰滿。滿則必溢矣、易曰、坎不盈。祇既平。概滿則平。繼滿故必以平也。平則定。建前四位則三合。合亦定也。定則可執矣。故繼之以執。執者守其成也。物無成而不毀。故繼之以破。對七爲衡。衡則破也。救破以危。在易己日乃革之。己十幹之第六。破十二辰之第七。其義同也。是故救破以危。既破而心知危。孟子曰。危故達。夫心能危者。事乃成矣。不必待其成而後知為達也。淮南子云。前三後五。百事可舉。平前三也。危後五也。繼危者成。何以成。建三合備也。既成必收。自建至此而十。十極數也。數無終極之理。開之。開之云者。十即一也。一生二。二生三。由此一而三之。則復為建矣。建固生於開者也。故開為生氣也。氣始萌芽。不閉則所謂發天地之房。而物不能以生。故受之以閉。終焉。唯其能閉。故復能建。與易同也。又按自建至閉十二神。其辰皆由建跂而遞更。古今論說紛紜。吉凶不一。夫止以建除論吉凶。未甚彰顯著明也。此建則彼除。十二辰自然輪轉耳。迨夫參以萬事。錯以二氣五行。然後吉凶生焉。特其吉凶之大小劑量。則生於建除雲馳月運。舟行岸移。明者默契其微。神而明之可也。今具列各條之下。陰陽之變化無窮。夫亦舉一隅云耳。又按建除之說。見於古者。自淮南子外。又有太公六韜云。開牙門。當背建向破。越絕云。黃帝之元。執辰破巳。伯王之氣。見於地戶。王莽傳云以戊辰直定。御王冠。即真天子位。師古曰。於建除之次。其日當定也。知所由來久矣。

蓋其說與諸家同起戰國時。而並託之黃帝云。

釋四大吉時之八幹四卦（又名四煞沒時）

兩般秋雨盦隨筆曰。選擇家以子初為壬時。丑初為癸時。寅初為艮時。卯初為甲時。辰初為乙時。巳初為巽時。午初為丙時。未初為丁時。申初為坤時。酉初為庚時。戌初為辛時。亥初為乾時。即今時憲書所謂寅申巳亥月。宜用甲丙庚壬時。子午卯酉月。宜用艮巽坤乾時。辰戌丑未月。宜用癸乙丁辛時。是也。錢辛楣曰。都門法源寺。見遼舍利函。後題甲時。又戒壇寺。遼法禪師碑。後題乾時。又遼石幢二。一題庚時。一題坤時。蓋金遼石刻。多用斯為記也。

按四大吉時之八幹四卦。宗鏡謂為時之上四刻。語焉不詳。殊難索解。此篇謂甲丙庚壬。即卯午酉子時之初刻。癸乙丁辛。即丑辰未戌時之初刻。艮巽坤乾。即寅巳申亥時之初刻。措詞明白。與一時有八刻。上四曰初。下四曰正之說。亦頗吻合。至寅申巳亥月云云。當以中氣為主。中氣者何。正月雨水節。二月春分節是也。若甫交立春。即用寅月吉時。甫交驚蟄。即用卯月吉時。則大誤矣。

答昏禮問

劉棒曰。客問盟昏於襁褓。可乎、曰、無悔焉。可也。曰、何悔。曰山川之或阻也。宮骸之或傷也。或家落而見差。或行非而相浼也。皆悔也。古人六禮之行。率無遠期。故詩曰雝雝鳴雁。旭日始旦。士如歸妻。迨冰未泮。冰未泮而納采。桃始華而御輪。故不至有他端之變。貽悔恨而生釁端也。客曰、娶妻不娶同姓。何謂也。曰先儒云。為其近於禽獸也。禽獸不知嫌微之別。人烏可無別也。客曰、異姓其皆無嫌乎、曰、外姻為婚。有以姦論者矣。客曰、雖然中表之行。近世士大夫皆用之。或猶可許也。曰、在律、婚姑舅兩姨姊妹者。杖八十離異。安在其可哉。先王制禮。遠嫌而養恥。又立之科條。以防不然。所以扶進斯民於人道者。至嚴而不可犯矣。夫所謂同姓者。猶無親之稱耳。若吾父姊妹之子。不猶夫兄弟之子乎。吾父兄弟姊妹之子。不猶之吾父兄弟姊妹之子乎。人知同姓兄弟之子不可昏。而不知異姓兄弟姊妹之子不可昏。何耶。客曰、彼世昏者皆非歟。曰、疏而無服者可也。姑舅兩姨兄弟姊妹。相為服緦麻。乃亂之以昏姻。而期且斬焉。如禮何。客曰、吾黨有女養於他人。謂可解中表之跡而昏之。然歟。曰、買妾不知其姓則卜之。不知者猶卜。知而假人以免。夫誰欺客曰。舉世行之。未聞有用離異之律者。或居今而亦可從俗也。曰、俗之可從。事之無害於義爾。斁倫敗禮。相率而畔於人羣可乎。盜徵倖而未發。曰、未見有律盜者。盜顧可為乎哉。

按讀此可知禨祥結婚固非。中表結婚尤謬。凡有子女者。均宜三覆斯言。不僅為選吉家所當曉也。

論嫁娶之期

丁杰曰。古者嫁娶之期。言人人殊。一為年之少長。一為時之早晚。今合經傳考之。男自二十至三十。女自十五至二十。時自季秋至仲春。自仲春至仲夏。皆為得理之正。大戴禮本命篇。男八歲而齔。十六情通。然後其施行。女七歲而齔。十四然後其化成。此舉其端言之也。墨子曰、昔聖王為法。丈夫年二十、毋敢不處家。女子年十五。毋敢不事人。此舉其中言之也。尚書大傳。孔子語子張曰。男子三十而娶。女子二十而嫁。穀梁文十二年。男子二十而冠。三十而娶。女子十五而許嫁。二十而嫁。此舉其終言之也。家語本命解。孔子對哀公曰。霜降而婦功成。嫁娶者行焉。冰泮而農桑起。婚禮殺於此。禮運。孔子語言偃曰。冬合男女。春頒爵位。此家語之禮運 此言仲春以前也。夏小正。二月、綏多士女。周禮媒氏。仲春之月。令會男女。奔者不禁。鄭風。零露瀼瀼。與子偕臧。白虎通曰。嫁娶以春。此言仲春之時也。詩召南。摽有梅。其實七兮。求我庶士。迨其吉兮。摽有梅。其實三兮。求我庶士。迨其今兮。此言仲春之後也。大戴禮本命篇又云。太古男五十而室。女三十而嫁。不能行於後世。大戴逸篇。文王世子篇。文王十三生伯邑考。十五生武王、左氏、襄公九年傳。晉侯曰。國君十五而生子。所以廣繼嗣。大夫以下。不得同之。內則曰。女子有故。二十三年而嫁。非嫁娶之常例。今由孔子對哀公之言思之。男三十而有室。女二十而有夫。禮言其極。不是過也。則無在二十三十之後者矣。男子二十而冠。有為人父之端。女子十五許嫁。有適人之道。亦無出於十五二十之前者矣。羣生閉藏乎陰。而為化育之始。故聖人因時以合偶。男子窮天數也。則無在霜降之前者矣。冰泮而農桑起。婚禮殺於此。亦容有出於冰泮之後者矣。知此則詩之言嫁娶者多端。可一以貫之矣。

按讀此可知男二十以前娶者。非得理之正。女二十以後嫁者。亦非得理之正。至六七八月嫁娶。不及季秋至仲春。仲春至仲夏之合禮。尤為明白。蓋六七八月。正為農忙時節。觀孔子對哀公霜降而婦功成。冰泮而農桑起二語。可憬然悟矣。

親病納婦論

鄧瑤曰、親病不得納婦。不待知者辯之矣。鄉俗家有疾病。輒令其子迫遽成婚。意以婦新入門。病者見之而喜。冀其速痊也。士昏禮。請期之辭曰。惟是三族之不虞。使某也請吉日。鄭注不虞。謂卒有死喪。此即世俗尅期娶婦之意。顧云三族者。就主人言。謂父昆弟。已昆弟。與子之昆弟也。至人子值父母有病。侍藥求醫。籲天祈代之不暇。而乃亟亟納婚。猝有不虞。此豈人子所忍言耶。故言親迎女在塗。而壻之父母死者。蓋受命往迎時。父母本無恙。中途驟聞大故。非父母已病。迺悤然行親迎之禮也。然則親病之不宜納婦。豈待辯哉。於是有戚某母病。母言於父。欲為子納婦。趣令將事者。其子以侍病倉皇堅執弗從。母病因是少增。客過而問曰。將從其母乎。抑從其子乎。余曰子之不肯娶情也。亦禮也。顧其母之必欲納婦者，蓋自料不起。猶冀倖於屬纊之先。一見新婦。覘其容止動靜。以卜能宜室家與否。而後甘心瞑目。其意重可哀矣。人子侍疾。茍可以求順其意。而少紓其病者。無弗為之。即權宜娶婦。未為不可。第躬侍湯藥。不得執親迎之禮。選族子弟之嫻於禮儀者。致命女之父母。告以病姑迫欲見婦之意。即日就途。請女之母及親兄弟送之來。如徼福先靈。新婦入門。姑病旋愈。實為兩家之福。儻遂不諱。則援親迎女在途。而壻之父母死。女改服布深衣縞總。趨喪之文。入門號哭。隨家人治喪禮也。或曰、女改服者。以婿親迎之故。雖未成婚。而婦之分已定。故聞壻父母死而趨喪也。今壻不親迎。儻在途聞變。必責其趨喪乎。答之曰。父母無恙。自不可廢親迎大禮。此則母病在牀。忍死以待。為之子者。猶且委蛇容與。爵弁纁裳。緇袘乘墨車。往迓之子之門。為之御輪。始歸乎。即不親迎。女在途聞喪。將遂偕其母中道而返乎。此非準禮之論也。或又曰。女既奔喪矣。既葬。將如之何。禮經未有明文。意者隨其母歸、壻除喪而後成婚乎。則又答之曰。婦人以夫為家。既入壻門無庸歸。即若今之童婦。執縫紉浣濯井臼饎爨之役。以事夫舅三年之喪畢。主人乃治酒食。大召鄉黨僚友。為其子成夫婦之禮。蓋昔之以母病納婦。倉卒不親迎者。達權也。今之以父命成昏。慎重而合巹者。所以厚別也。如此則於禮甚宜。而於義亦協。客退遂書之。以貽譏禮之君子。

按此篇論親病納婦情禮俱到。爲人子者。苟不得已而爲之。亦須俟三年之喪畢。乃治酒食大召鄉黨僚友成夫婦之禮。若世俗所謂孝裏偷者。於親喪之際。張燈結綵。倉猝成婚。蔑禮忘親。莫此爲甚。萬不可從。

喪歸宜入家論

鄧瑤曰世俗有狃於舊習、忍心悖理。絕不爲怪者。喪歸不入家是也。夫幽明雖隔。情理無殊。今人離鄉井遠出。或數年、十數年、始歸。而其子孫。舍於宅外不使入家。已之心安乎。遠歸者許乎。則不幸以客死。喪抵里門。爲之子孫者。乃不迎請入室。遽送之荒郊墟隴間。猶有鬼神。其肯許乎。子孫之心。又能安乎。吾知死者。必不許子孫之心。亦必不安也。然而終不能改者。則亦狃於習俗。無以古義責之耳。禮、曾子問曰。君出疆。以三年之戒。以椑從。君薨其入如之何。孔子曰。入自闕。升自西階。如小斂。柩入自門。升自阼階。君大夫士一節也。雜記、諸侯行、而死于館。喪至於廟門。不毀牆、遂入適所殯。大夫士死於道。至於家。載以輲車入自門。至於阼階下而說車。舉自阼階、升適

所殯。此皆喪歸入門事死如生之明證。聖人準情定禮。至當不易之道也。又周禮、殯
在西階之上。惟死於外者。殯當兩楹之中。示不忍遠之也。蓋待死於外者。尤有加禮。
古人用意之厚如此。左傳載齊莊公、以襄公二十五年、爲崔杼所弒。葬諸士孫之里。
二十八年、齊人遷莊公殯於大寢。此則死已三年。以其先殯不成禮。猶從郭外出而
遷諸路寢。爲之改殯。齊人卒無所忌。以爲必如是。臣子之心始安也。今之爲人子者。
不幸親死於外。奈何不援禮治喪。使其親魂魄遠歸。竟不得一入家門。少紓客死之
慟耶。今制、以王事死於外者、許入城治喪。都邑之有城門。猶人家之有大門也。朝廷
於臣子之喪。曲加恩卹。許令入城。子孫於祖父之喪。乃不許其入家。悖孰甚焉。或曰、
一家之中。有諸父兄弟在。且多聚族而居。以尸入處。衆有違言。顧有異宅而處。亦不
肯以親喪入門者。此豈慮諸父昆弟之有違言乎。且諸父昆弟。不令以喪入。問心亦
豈能自安耶。蓋有輿尸入門。其家不利之說。據於中。遂相率背禮。雖孝子慈孫。不免
爲所惑。豈不大可傷歟。夫世俗之說固已。然有未嘗輿尸入門。而潭潭第宅。不數年
轉鬻他人。且或夷爲田圃者。又何解耶。夫家門之興敗關繫。豈在於此。仁孝之心未

篤。故利害之見。得而淆之也、抑近時閩百詩在京邸。易簀時。語其子曰。汝扶櫬回淮。到則位我本宅。葬宜速、其子從之。以是、知客死者。其魂夢固眷眷家門。游處之所。必以親至爲慊、即歸土無遺憾也。嗚呼。世之忍死其親於數千里外。不迎喪入門者。抑何薄耶。悖謬之俗。不可不易。因援引禮經以明其惑。世有讀書守禮君子。尚其敬念之哉。

按光緒丙午四月。 先君子棄養於京江寓廬。七期內扶櫬回揚。及喪抵里門。親族咸命迎請靈櫬、入蓬廠設奠。余驚訝曰。胡不升堂。曰棺柩不宜入家。風俗使然。況屋乃共居。非汝獨有。稍一不慎。咎將誰歸。余聞而嗚咽不能言。無已。翌晨乃厝柩高田。大寒始得筮吉合葬。後讀斯篇。方知狃於俗習。誤作此忍心悖理之舉也。至今有餘痛焉。茲因拙撰告成。特錄鄧先生文。以告天下爲人子者。不幸親歿於外。扶櫬回家。務宜迎入本宅。然後卜葬。慎毋蹈不肖之覆轍。而致抱恨於終天也。

論停喪之非

日知錄曰。停喪之事。自古所無。自建安離析。永嘉播竄。於是有不得已而停者。魏晉之制。祖父未葬者。不聽服官。而御史中丞劉隗。奏諸軍敗亡、失父母未知吉凶者。不得仕進宴樂。皆使心喪。有犯、君子廢。小人戮。（通典）生者猶然。況於既歿。是以齊高帝時。烏程令顧昌元坐父法秀北征。尸骸不反。而昌元宴樂嬉遊。與常人無異。有司請加以清議。振武將軍邱冠先為休留茂所殺。喪尸絕域。不可復尋。世祖特敕其子雄方敢入仕。當江左偏安之日。而猶申此禁。豈有死非戰場。棺非異域。而停久不葬。自同平人。如今人之所為者哉。唐鄭延祚、（朔方令）母卒二十九年。殯僧舍垣地。顏真卿劾奏之。兄弟終身不齒。天下聳動。後周太祖敕曰。古者立封樹之制。定喪葬之期。著在經典。是為名教。洎乎世俗衰薄。風化陵遲。親歿而多闕送終。身後而便為無主。或羈束於仕宦。或拘忌於陰陽。旅櫬不歸。遺骸何託。但以先王垂訓。孝子因心。非以厚葬為賢。只以稱家為禮。掃地而祭。尚可以告虔。負土成墳。所貴乎盡力。宜頒條令。用警因循。庶幾九原絕抱恨之魂。千古無不歸之骨。今後有父母祖父母亡歿。未經遷葬者。其主家之長不得輒求仕進。所由司亦不得申舉解送。宋王子韶、以不葬父母貶官、劉昺兄弟、以不葬父母奪職。後之王者、以禮治人。則周祖之詔。魯公之劾。不可不著之中令。但使未葬其親之子若孫。縉紳不許入官。士人不許赴舉。則天下無不葬之喪矣。

請禁停喪稟

舒化民稟文竊維俗奢示儉。禮貴稱財。州境地瘠民貧。風俗日趨華靡。冠昏交際皆然。而喪葬一事尤甚。惟夫競事奢華。而力有不逮。遂有停喪不舉。停柩不葬。或數年。或數十年。甚有終身不葬者。訪諸城鄉。比比皆然。似此習俗相沿。伊于胡底。某當於三月間出示。並傳集地方莊長將所管保屯。查明未葬之柩。共有若干。開單稟齊呈報去後。嗣據各地方稟報。城關內外共有停棺、二百七十一柩。四鄉三十四保共有停棺、一千九百二十六柩。各衛屯所共有停棺、二千七百二十九柩。查閱之餘。不勝駭異。遂復剴切曉諭。定限三個月內。一律埋竣。頃定期已屆。現據城鄉稟報已葬者二千三百餘柩。其有實因山向年月不利者。懇請展限。秋以為期。四百二十餘柩。當示之初。士庶之家。中人之產。多有以為不便者。追催促再三。諭令紳士作倡。百姓遂多觀感興起者。某誠恐紳士中、相沿向來飾外之觀。驟難破除門面之習。先於一應旛杠執事。及吹手㨂夫人等。咸禁其平減受值。毋許多求。篷廠賓筵。概從節省。稱家有無。隨宜辦理。則又咸以為便。計城鄉停喪之家。此時已葬去十分之九矣。因思此種風俗。各處皆然。即如某前曾任長清歷城等處。詢悉民間、俱不免蹈茲積習。則他處可想而知。合無稟請憲臺。俯賜通飭各屬。頒發告諭。凡停喪之家。俱示以限期。一律埋葬。其無主暴露者。飭令地方官給掩埋之資。該地保人等。亦無不樂於從事者。如此、則無論家之貧富。時之久暫。在亡者皆可以得土為安。而生者皆可以量力終事。似於人心風俗。均有裨益矣。

論葬必擇良辰

地理人子須知。載葬書云。歲時之乖為二凶。卜氏云。山川有小節之疵。不減真龍之厚福。年月有一端之失。反為吉地之深殃。又云。龍吉、穴吉、砂水吉。何以多災。年凶、月凶、日時凶。犯之罔覺。又云。作當依法。須求年月日之良。楊公云。好地如巨舟。良年如利楫。陳圖南曰。龍真穴正。又須葬善時宜。諸公所論如此。可見吉地又須良期而葬之。斯盡善矣。誠以葬必擇期。如耕者之必當陽春發生之際。而始播百穀焉。則獲穰積盈倉之效矣。苟于收藏肅殺之時。而施栽施植。吾知其凋謝可立待也。辛力徒勞。竟何益哉。是以人子既卜吉地。又卜良期。以窀穸之不使少有後日之悔可也。雖然。龍穴其本年月為末耳。使地非吉兆。無生氣之可乘。年月盡天下之選。無益也。仙翁曰。鼎内若無真種子。猶將水火煑空鐺。此徒徇年月之謂矣。

立誌石墓碑法

言行彙纂曰。名公巨卿邱墓。内有墓誌。外有豐碑。再有華表人獸。以及神道碑亭。至士庶之家。雖限於分。而誌石墓碑。不在禁例。稍有力者。内誌以石、或記事功。或止勒亡者生庚故葬年月山向。四至大概。附埋塚内。上樹碑一道。不必過於高大。嫌於僭也。碑面照有無封贈職銜。據實開列。考妣某某之墓。旁書子某孫某敬立。碑陰仍將父母生庚故葬年月。并所葬坐山朝向。及墳地四至丈尺。墓田畝數。明白刊刻。庶可以示久遠。以防侵佔。葬遠鄉者。尤不可不急講也。

記夏氏擇日之神妙

紹興諸暨縣之店口鎮。有陳氏之屋。每遇火災。而屋不毀。相傳國初有陳紫衣者。將建此屋。親至紹興城中。請夏姓者卜日。夏視之。一田舍翁也。乃曰。請少待。為君擇之。陳即出銀十兩為謝。夏曰。既如此。請三日後來。陳知其以酬謝之多寡。為選擇之精粗。乃以白金百兩揖而進之。曰。老朽一生辛苦。始有此舉。幸先生留意焉。夏曰。既如此。請一月後來。及期而往。則曰。日已選矣。幸勿稍有更動。陳謹如所教。屋成而鎮上大火。前後左右。盡為焦土。惟陳之新屋。巋然獨存。自是以後。歷三十餘次大災矣。至今陳氏猶世守之。而夏之子孫。亦尚以擇日為業。

按是篇採錄藝術筆記。極言夏氏擇日之神妙。惜未說明陳紫衣、主命是何幹枝。正屋是何坐向。及夏氏所擇年月日時。幹枝何屬。學者究難效法。以管見測之。屋成而鎮上大火。前後左右。盡為焦土。陳氏之新屋。巋然獨存。非八白到向。九紫到山而何耶。後歷三十餘次火災而竟無恙。非幹逢庚壬。枝會子申辰之造課而何耶。至今陳氏猶世守之。子孫勢必蕃衍。非主命壬申、坐向壬丙而何耶。否則能避一次火災。必不能避三十餘次之火災。能避三十餘次之火災。必不能世守。三吉俱備。庶幾似之。無心道人有云。生人以生下日時為命。造制以成器日時為命。葬埋以入地日時爲命。夏氏所選之造命。（又謂造課）吾不得而知之。要亦不出此範圍耳。

增補

選吉存稿

癸亥夏、曾著選吉探原二卷。刊行以來。迄今已十有五載。辱承　海內高明。許爲簡要。然猶有以未列法程而責之者。茲囑及門弟子。選錄舊稿二十六篇。附載編末。自入學、開墾。以至修墓、樹碑。凡士農工商所恆需者。略備於斯。命曰選吉存稿。初學得此。或可稍資借鏡。法程云乎哉。戊寅重九後二日樹珊自識於滬江卧雪寄廬。

謹選入學吉日

學童福造　乙丑宮生。

按、選擇入學之期。第一宜甲子日。取甲爲六甲之始。子爲十二辰之初。即元始禮初之義。第二宜開日取開卷有益、樂此不疲之義。第三宜生氣日。取生機蓬勃、氣象萬千之義。第四宜青龍日取青雲直上、飛龍在天之義。第五宜本命六合日。取名照六合學貴專門之義。茲選五者俱備。誠學童之幸福也。

謹遵協紀辨方書、及時歷七政通書。詳查得

民國廿二年二月廿七號。即癸酉年古曆二月初四日。甲子。值開。內拱　生。氣。青。龍。諸吉星。而又與　學童本命乙丑宮。聯為六合。此乃學童入學上吉之良辰。宜巳時九句二刻。負笈到校。謁　聖拜　師。恭行入學典禮。自此以後。敦品力學。溫故知新。成績之優。進步之速。以視賣薪自給、鑿壁偷光者。其勞逸為何如耶。學童學童。勉之勉之。

按、封面可書道德文章四字。封套、可書天悟神聰四字。

謹選動土開鑿吉日

福主造　丁亥宮生。

按、福主丁亥宮生。與本年太歲丙寅、遙相聯合。動土開鑿、百無禁忌。再細按之、年家九紫、蒞於震宮。月家九紫、在大雪節前、亦蒞於震宮。震為東方。乃吉神薈萃之所。此次舉行動土開壍典禮。必須於承領之土地界內。面迎正東。虔誠祀　神。尤必須囑農工人等、自東南而正南。自西南而正西。再由西北正北、以至東北。按部就班。不疾不徐。如此、則八方咸宜。萬物發育矣。至於選擇吉期。以小雪後庚午日、為最佳。蓋取其正財正祿同拱。於福主丁亥命宮。以期主賓盡美。而收指臂之效。豈止事半功倍。阡陌交通已哉。

謹遵協紀辨方書、及時曆七政通書。詳查得

民國十五年、歲次丙寅。古曆拾壹月初叁日。庚午值危。內拱　德。合。　青。龍。　正。財。正。祿。諸吉星。宜卯、時、六句一刻。虔誠敬　神。舉行動土開壍典禮。不拘何日完成。

定占歲熟年豐。千歡萬悅。賀賀。

按、李鼎祚曰。青龍正月起子、順行六陽辰。即正、七月子。二、八月寅。三、九月辰。四、十月午。五、十一月申。六、十二月戌。是也。

又按、封面可書萬物育馬四字。封套可書寶藏興馬四字。

謹選栽種吉日

福農乾造　辛巳宮生。
福農坤造　丙戌宮生。
按、農作栽種。生產豐歉。地利固攸關。天時尤重要。若僅恃阡陌交通。雨暘時若。而不加以深耕易耨之人工。欲求禾麻粟麥多稼如雲。直是緣木求魚。豈可得哉。所以擇吉栽種。第一必須水火兩全日。取水能潤土。火能暄土之義。第二須天喜日。取得天獨厚。喜溢門楣之義。第三須三合日。取夫耘婦饁。通力合作之義。第四須主命長生祿元日。取天長地久。生衆用舒。梁孟同諧。衣祿豐足之義。最忌破日閉日、四離、四絕、四耗、四廢、九空、九焦、及主命天尅地衝、天比地衝等日。茲選衆善俱備。諸惡潛消。如法進行。必臻康樂。
謹遵協紀辨方書及時曆七政通書。詳查得
民國五年四月九號。即丙辰年古曆三月初七日。丙子干火支水。值成。內拱　天喜。三合。諸吉星。而又得　長生。祿元。遙拱　福農辛巳造、丙戌造之主命。此誠栽種上吉之良辰。宜寅時四句二刻、敬　神行禮。散播籽種。栽培果木。近必三秋收穫。

遠亦十載覩成。非惟鰥婦樂勤。尤應牧童鼓腹。人稱仁里。我欽孝鄉。昔賢有句云。竹籬和犢卧。茅舍讓雞鳴。此情此景。惟　君得之。珊不勝艷羡之也。

按、四絕四立前一日。四離二分二至前一日。詳見本書月表曆例曰。四耗、春壬子。夏乙卯。秋戊午冬辛酉。又曰、四廢、春庚申辛酉。夏壬子、癸亥。秋甲寅、乙卯。冬丙午、丁巳。又曰九空、正月在辰、逆行四季。卽正月辰、二月丑、三月戌、四月未、五月辰、六月丑是也。又曰。九焦。正月在辰、逆行四季。五月在卯、逆行四仲。九月在寅、逆行四孟。卽正月辰、二月丑、三月戌、四月未、五月卯、六月子、七月酉、八月午、九月寅、十月亥、十一月申、十二月巳、是也。

又按、封面可書父蓄子播四字。封套可書歲熟年豐四字。

謹選開爐鑄器吉日

福主造　壬戌宮生。

技師造　甲子宮生。

謹遵協紀辨方書及時曆七政通書。詳查得

民國九年、歲次庚申、古曆九月十八日庚申值開。十月初八日己卯值定。內拱

生。氣。月。恩。德。合。不。將。諸吉星。並有　長。生。印。綬。貴。人。財。星。與

福主　技師二造。遙相輝映。此誠開爐鑄器、上吉之良辰。宜巳未時、九句一刻一句一刻恭請

福主、及　技師、虔誠祀神。舉行開爐鑄器、正式典禮。行看物品精良。利權特達。豈獨

主賓盡美。左右逢源已哉。

按、協紀書月表、及宜忌篇。只載忌鼓鑄、而無宜鼓鑄字樣。蓋鼓鑄乃冶金屬爲錢幣。非細民事也。至於銷金成器。鑄鼎象形。與裁製、修造無殊。故協紀有裁製。修造之明文。今所選爲寒露後之庚申日、值開。取一陽始開、生氣有餘之義。立冬後之己卯日、值定。取定而后靜。日中未昃之義。不僅月恩、德合、長生、貴人已也。

又按、本編月表所載、只一十九事。並無鑄器、裁製字樣。然九月月表庚申日。十月月表己卯日。均載明宜修造。可以相通。

又按、封面可書形端品正四字。封套可書利用厚生四字。

謹選開張駿發吉日

貴經理福造。戊子宮生。

謹遵協紀辨方書、及時曆七政通書。詳查得

民國九年、五月十九號。即

庚申年夏曆四月初二日。丁丑值成。內拱　天。喜。　玉。堂。　三。合。　六。儀。諸吉星。乃

開張駿發上吉之良辰。與

貴經理福造、戊子宮。資生拱合。尤有裨益。宜子時、十二句鐘。安設門內主牌。布置各

種物品。宜子時、十二句一刻。恭請

貴經理、專誠祀神。舉行開張駿發典禮。宜巳時、九句鐘。發表門前掛牌。至於賀客早

臨。顧主紛至。均可隨機應變。不拘時間。以上三法、果能遵照辦理。必期主賓盡美。事

業崇隆。賀賀。

按、李鼎祚曰。玉堂、正月起未、順行六陰辰。即正、七月未。二、八月酉。三、九月亥。四、十

月丑。五、十一月卯。六、十二月巳。是也。

又按、據云該號為晉泰二字。是以封面、特書晉步泰來四字。封套、即書根深葉茂

四字予之。若不知其字號。概書近悅遠來、名騰金積、亦可。

謹選上官赴任吉日

福官造　戊寅宮生。

按、選擇上官赴任吉日。第一宜主命貴人日。取賤貨貴德之義。第二宜六儀日。取有儀可象之義。第三宜青龍日。取飛龍在天之義。第四宜天恩日。取恩澤及民之義。第五宜三合日。取三生萬物之義。第六宜天喜日。取喜慶大來之義。果能具此數美。則上下交孚。歡騰四野。可以操左券而貴之償矣。

謹遵協紀辨方書、及時曆七政通書詳查得

民國九年、歲次庚申古曆四月初二七日丁丑壬午。值成除。內拱　貴人。六儀。青龍。天恩。　三合。　天喜。諸吉星。乃上官赴任、盡美盡善之良辰。宜午卯時。十一句二刻六句一刻。歡迎

福官、與進東城。詣署陞堂。接印視事。定卜聲名卓著。功業崇隆。預賀預賀。

按、所選丑日、乃戊寅本命之貴人。立夏後之丁丑日、既值三合。又值六儀。壬午日、

更值天恩也。

又按、選擇宗鏡曰。天喜、正月戌。二月亥。三月子。四月丑。順輪十二月。即每月成日是也。

又按、封面、可書萬家生佛四字。封套、可書一路福星四字。

謹選結婚納采吉日

福翁造　庚寅宮生。

福姑造　壬辰宮生。

乾造　丙辰宮生。

坤造　己未宮生。

謹遵協紀辨方書、及時曆七政通書。詳查得

民國十八年二月廿一號。即

己巳年、古曆正月十二日。丁酉值危。內拱　天。德。　福。生。　四。相。　陰。德。諸吉星。並

有　六。合。　文。昌。照臨於

乾坤二造。乃結婚納采之良辰。宜巳時九句二刻。飭備、滿載玉帛。羅列香花。恭請

大冰導往

坤府。至酉時、五句一刻。復由回好時間不妨從俗

大冰回好

乾宅。自此以後、俟吉迎娶。定占宜家宜室。多福多男。賀賀。

按曆例曰。四相、春丙丁、夏戊己、秋壬癸、冬甲乙、是也。又曰。陰德、正月起酉、逆行六陰辰。即正七月酉、二八月未、三九月巳、四十月卯、五十一月丑、六十二月亥、是也。

又按封面、可書文定厥祥四字。封套、可書藍田種玉四字。

謹選合巹完姻吉日

福翁造　乙亥宮生。

福姑造　己卯宮生。

大兄　庚子宮生。

大嫂　癸卯宮生。

三弟　丙午宮生。

姪　戊午宮生。

當婚乾坤造壬寅甲辰宮生。

謹遵協紀辨方書、及時曆七政通書。詳查得

民國九年五月五號。即

庚申年、夏曆四月十九日。甲午值除。內拱　天赦。月德。青龍。聖心。諸吉星。周

堂大利。乃花燭偕老之良辰。宜巳時發轎。先向東北方遠行。宜前一日申時。請

新人香湯沐浴。水潑東南方。宜是日未時。梳粧冠帶。面迎

喜神東北方。宜酉時、歡迎

喜轎進宅。陞百子花爆入洞房。

夫婦坐富貴。合巹交杯。宜吉時。送進喜房。

天婦同行十全大禮。定占梁孟齊眉。兒孫繞膝。預賀。

攙新上冠帶人忌馬犬猴三屬。其餘生屬均妙。

按曆例曰。天赦、春戊寅、夏甲午、秋戊申、冬甲子、是也。又曰。聖心正月亥、二月巳、三月子、四月午、五月丑、六月未、七月寅、八月申、九月卯、十月酉、十一月辰、十二月戌、是也。

又按舊式結婚、此稿尚可適用。如為新式結婚、其時間、不妨提早。喜轎亦可改稱喜輿。攙新上冠帶人、即男女儐相之類。

又按封面可書合巹佳期四字。封套可書鐘鼓樂之四字。

謹選建築華堂吉日一

據云、　貴第坐癸向丁。伏查本年太歲癸亥。通天竅云木之位、然在西方申酉戌。今

貴第坐癸向丁。即坐北向南。不犯惡煞。足可進行一切。惟細按之、　宅幼有辛巳命、乙巳命者。與太歲癸亥地支犯衝。擇吉必須得丑日合巳。申日合巳。或卯日合亥。藉合解衝。乃臻盡美。管見如斯、尚希方家審定為幸。

夲宅例忌惡煞一概查明不犯。至於小煞有制、偽煞遵刪者。概不拘忌。茲將　閤第長幼生庚、應忌之衝尅日。查避清楚、詳載於後。

宅長　甲子宮生。　忌甲午庚午日。
宅幼　辛巳宮生。　忌辛亥丁亥日。
宅幼　乙巳宮生。　忌乙亥、辛亥日。
謹遵協紀辨方書、及時曆七政通書。詳查得
民國十二年、歲次癸亥。夏曆十月十九日。癸卯值定。內拱　時。陰。　三。合。諸吉星。宜
卯時、六句一刻。敬　神動土。開瓦木工。大吉。迨至十一月十一日。乙丑值除。內拱
天。恩。　六。合。諸吉星。宜卯時、六句一刻。平磉豎柱。大吉。迨至十一月十八日。壬申值
成。內拱　天。喜。　月。德。諸吉星。宜卯時、六句一刻。上梁安門。落成以後、定卜丁財兩
旺。富貴多增。賀賀。
按、所選開工動土之吉課。為　癸亥、　癸亥、　癸卯、　乙卯。　取天幹三癸一乙。
地枝二亥二卯。補　貴第坐山之癸也。豎柱上梁吉課。為　癸亥、　甲子、　乙丑、
己卯。　取天幹癸甲乙己。地支亥子丑卯。裨益長幼諸造也。上梁安門吉課。為
癸亥、　甲子、　壬申、　癸卯。　既與　宅長甲子命、宅幼辛巳命、乙巳命、會合解

衝。而又與坐山之癸聲應氣求。故曰吉課。

又按此乃平地造屋。蓋主人領土之內。前後左右。並無舊屋。故只論開山立向之吉凶。其修山、修向、修方及修中宮之吉凶。概不必論。查得坐癸向丁。在癸亥年不犯歲破三煞。不犯伏兵大禍。又不犯五黃戊己。而宅長甲子命。又與太歲癸亥不衝不尅。所以儘可擇吉建築。無絲毫顧忌也。

又按封面可書大啓爾宇四字。封套可書長發其祥四字。

謹選建築華堂吉日二

秋節接奉瑤章。敬悉　貴第坐北朝南。擬建築華堂一所。囑珊擇最近吉期。俾可工作云云。伏查本年太歲癸酉。年家九紫到坎。坎為北方。八白到離。離為南方。今貴第坐北向南。此卽坐九紫而向八白也。桑道茂云。凡紫白所到方向。不避太歲諸凶。不避宅長凶年。權威之大。概可想見。況又不犯三煞、歲破。不犯大禍伏兵。而又不犯戊己都天。其為山向清泰。更屬顯然。擇吉興工。必期獲福。惟細按之。寒露節後。月煞在北。五黃煞亦在北。究不宜孟浪從事。茲選立冬後吉日吉時。舉行開工典禮。非惟避免凶煞。且可預兆禎祥。至平磉、竪柱、安門等吉日。必須酌量工程大小。時間緩速。然後選、擇、始可適用。管見如斯。質之高明、以為何如。下略

按、此亦平地造屋。蓋主人領土界內左右前後、並無舊屋。故不論修山、修向、修方、及修中宮之吉凶。但論開山立向之吉凶可矣。然月家三煞、五黃月破等。仍須查避清楚。始可無誤。

謹選修造華堂吉日一

據云　貴第坐南朝北。擬於宅後隙地。添築樓房。按照修山論之。此地適在主屋之南。本年太歲甲子。三煞在南。豈可輕犯。好者舊歲癸亥在大寒節後、早經開工動土。語云、一日開工千日做。據此、則甲子年三煞占方可不拘忌。茲為慎重起見。再擇本年三月。太歲已下、神煞出遊日。正式開瓦木大工。繼續辦理。使三煞失其能力。非惟逢凶化吉。尤應獲福徵祥也。下略

按、修山適占三煞。此不利之甚者。所幸客冬大寒、權修期內。曾經開工動土。所以勉擇太歲出遊日使之竪柱上、梁藉解三煞之凶焰也。

謹選修造華堂吉日二

據手書云、貴第舊宅坐丙向壬。擬於前進隙地、添築新屋。查得明年乙丑。三煞、在東方寅卯辰。五黃煞、在西方庚酉辛。今 貴第坐丙向壬、卽坐南向北。既不犯東方之三煞。又不犯西方之五黃煞。雖戊都天在北、適占前進隙地所修之方。亦不拘忌。蓋不盘太歲、不併五黃、斷無大礙。而况年家八白蒞坎、正居北方。足可解凶。爲此、遵囑擇吉。俾利進行。毋爲讕言所惑也。下略

按此爲修向。當論向上之吉凶。與平地築屋、詳於論山、略於論向者、迥乎不同。觀其所修地點、適在北方。壬子癸屬之子爲乙丑年之戊都天煞。似覺修方不利。其實年家八白正蒞坎位。足可解凶、何懼之有哉。

謹選建築大廳吉日

來函云。 貴第舊廳。坐癸向丁、兼子午二分。及坐北向南。伏查本年、太歲乙亥。三煞在西方申酉戌。今擬築新廳、仍用原向。不犯惡煞。似可工作。惜新廳地點。適在舊廳西隅。正犯本年三煞。究不宜孟浪從事。明年丙子、三煞在南方巳午未。雖坐癸向丁、

南方有向煞之嫌。尚無妨礙。茲選本年大寒五日後。立春前。吉日吉時。先行開工動土。俟至明年吉月吉日吉時。舉行豎柱上梁安門典禮。庶幾萬全也。下略

按此為修方與修山、修向、及修中宮、似異實同。修山者、新築之地點在舊屋後也。修向者、新築之地點在舊屋前也。修中宮者、新築之地點、適占中央而四圍俱有舊屋也。今擬築新廳其地點適在舊廳西隅。故曰修方。查西方。為乙亥年三煞所占之地不宜輕犯。是以遵照協紀書、所載權修法。擇大寒五日後。立春前吉日吉時。先行開工動土。待至丙子年、再按照所選之吉期、完成一切。始為盡善。

謹選修造大門吉日

寶號大門舊向、原定坐甲向庚。今擬更新建築。改用坐寅向申兼艮坤。即坐東北、向西南。伏查本年、太歲甲戌。通天竅云火之地。煞在北方亥子丑具見。新向寅申兼艮坤不犯惡煞。足可工作。更兼年家六白星、蒞於艮方。九紫星、蒞於坤向。祥瑞之徵。昭然若揭。若再擇吉月、吉日、吉時。舉行開工動土典禮。則根深葉茂。源遠流長。必可如操左券也。下略

按、邱平甫云。諸家年月多差舛。惟有紫白可憑。桑道茂又云。紫白所到方。不避太歲將軍官符諸凶。不避宅長一切凶年。覩此、可知紫白之效力遠勝尋常多矣。

謹選徙遷吉日

宅主乾造　辛巳宮生。

宅主坤造　壬辰宮生。

宅幼造　辛酉宮生。

宅幼造　壬戌宮生。

按、選擇喬遷吉日、宜與宅主長幼等造、聯合有情。最忌天比地衝、天尅地衝、如辛亥、丁亥、壬戌、戊戌、戊辰、辛卯、丁卯、壬辰、戊辰等日。萬不可用。

茲遵協紀辨方書、及時曆七政通書。詳查得

民國十四年、歲次乙丑。夏曆閏肆月初肆、拾伍日。己酉、庚申值定、平。內拱　天恩。　四相。　月德。　五富。諸吉星。而又與

宅主、長幼等造。聯合無衝。乃喬遷上吉之良辰。宜寅、辰時、四、七句二刻。恭請　宅主、偕同

眷屬、喬遷晉　府、敬　神行禮、自此以後、定占生衆用舒。名騰業廣。賀賀。

按、封面可書鶯遷喬木四字。封套可書鳳立高岡四字。

謹選預合壽器吉日

壽翁　癸亥宮生。

壽姑　乙丑宮生。

按、預合壽器。第一宜四廢日。第二宜五虛日。第三宜太歲聯合日。第四宜本命長生日。四者俱備。始為盡善。至於重日、破日、平日、收日、及本命衝剋日。必須避忌。萬不可用。

謹遵協紀辨方書、及時曆七政通書。詳查得

民國十一年、歲次壬戌。夏曆八月二十四日。乙卯。值執內拱　四廢。　五虛。　歲合。長生。諸吉星。既不犯諸大凶煞。而又得　文昌。祿元。與

壽翁癸亥宮、壽姑乙丑宮、遞相輝映。此誠預合壽器、上吉之良辰。宜卯時、五句二刻。恭請　大匠開工。將木架妥面迎東方。用斧劈木、擲於遠處。俗以第一二斧、所劈木片、視其擲出之地、距

雖遠近、以覘吉凶、大率愈遠愈吉、即日成功。擱置開屋。定占丁財兩旺。福壽綿長。賀賀。

按協紀云、五虛正月巳。二月酉。三月丑。四月申。五月子。六月辰。七月亥。八月卯。九月未。十月寅。十一月午。十二月戌、是也。

又按四廢、五虛、皆非旺相吉日。惟預合壽器相宜。故古書多載之。蓋取其廢而不用、虛而不實之義。假使與太歲相衝、月建相衝、而與本命毫無情致。仍不可用。

又按、封面可書松壽鶴年四字。封套可書三祝九如四字。

謹選發引厝柩吉日

貴佳城新阡酉山卯向兼庚甲、坐丁酉、向丁卯分金。即坐西向東也。伏查本年、太歲乙丑年家五黃蒞兌。經云、一卦管三山。兌卦所管者、庚酉辛三山也。今　貴塋坐酉向卯兼庚甲。是坐五黃大煞也。其凶無匹。平時最忌破土。惟有先行擇吉發引厝柩。俟吉再為舉行安葬典禮。即厝柩、亦宜選立秋後吉日吉時、始妥。若小暑後、立秋前、災煞在酉。勉強用之。仍不完善耳。

按厝柩並不破土。雖年家五黃大煞、月家災煞。占於坐山。亦不拘忌。茲為慎重再三計是以選立秋後吉日也。

又按辭書云阡七煙切先韻墓道也。杜甫詩云新阡絳水遙。是也。

謹選啓攢吉日

按書云啓者開發也。攢者厝攢也。啟攢者開發厝攢之柩遷地另葬之謂也。據云

顯妣福柩厝攢異地久矣。囑珊擇吉啟攢俾可歸里安葬。謹遵先賢成法選得本

年十月吉日吉時。聽候酌用。

顯妣化命　壬子原相。　忌戊壬午。甲午日、

長子造　戊子宮生。　忌戊午、甲午日。

次子造　庚寅宮生。　忌庚申、丙申日。

幼孫　己未宮生。　忌己丑、乙丑日。

以上應忌犯衝犯尅日、逐一查避不用。

謹遵協紀辨方書及時曆七政通書詳查得

民國十一年歲次壬戌夏曆十月十三日。癸卯值定。內拱　黃道。　時。陰。　吠。對。

歲。合。諸吉星。與
閤第生庚、不犯衝尅。乃破土啟攢之良辰。宜卯時、六句一刻。敬　神破土。舉行啓攢
典禮。不拘何時。恭請
　福柩登舟、揚帆歸里。俟佳城卜定。再爲擇吉安葬。定占丁財兩旺。富貴多增。
　按、協紀云、鳴吠對日丙寅、丁卯、丙子、辛卯、甲午、庚子、癸卯、壬子、甲寅、乙卯、是也。
　又按、封函可書百行根源四字。封套可書萬事紀綱四字。

謹選發引安葬吉日一

據來函云、　貴佳城新阡甲山庚向。卽坐東朝西。伏查本年、太歲壬申。三煞占於南方。五黃煞占於中央。今　貴塋坐甲朝庚。既不犯南方之三煞。又不犯中央之五黃煞。山向清泰。一望可知。至於顯考化命、辛亥原相。　長子丙子宮生。　次子庚辰宮生。　幼孫丙辰宮生。均與太歲不犯冲尅。尤爲太平。雖長孫甲寅宮生。與太歲壬申。地枝相冲。亦不拘忌。蓋化命安、則生者自安。祭主安、則孫輩自安。玆爲貴備求金之計。再擇吉月吉日吉時。舉行發引破土安葬典禮。其爲衆煞潛藏。千祥雲集。更在意

中也。

本山例忌惡煞、一概查避清楚。其他小煞有制、偽煞遵刪者。概不拘忌。至於 化命及 閩第長幼生庚應忌之沖尅日。亦均查明不用。

顯考化命 辛亥原相。忌丁辛巳乙巳日。

祭主造 丙子宮生。忌丙午、壬午日。

次子造 庚辰宮生。忌庚戌、丙戌日。

長孫 甲寅宮生。忌甲申、庚申日。

幼孫 丙辰宮生。忌丙戌、壬戌日。

謹遵協紀辨方書、及時曆七政通書。詳查得

民國廿一年十一月十四號。即

壬申年夏曆拾月拾柒日。己卯值定。內拱 天恩。 德合。諸吉星。乃發引安葬之良辰。宜子時、十二句一刻。敬 神破土、開挖金井。宜卯時、五句一刻。發引出堂。宜辰時、八句二刻。恭請 福柩登位。分金瘞玉。定占秀鍾衆壤。福蔭子孫。

按、所選安葬吉課、為壬申、辛亥、己卯、戊辰。取時日二干己戊之土。資生月干辛金、取月干辛金。資生年干壬水、俾年干壬水特別有神。而甲山之木、得其充分滋養矣。至於月支之亥、日支之卯、聯合會木、年支之申、時支之辰、遥合會水。其為與甲山之木、氣求聲應、情致纏綿。更可想見。豈止合化命、益生庚巳哉。

又按、如居所與葬地距離甚遠者。發引出堂。必須預擇先期。如葬地工程浩大者。破土開井、尤必須預擇先期也。

又按、此乃新阡之地、擇吉安葬、較為簡易。若附葬舊塋、即有昭穴穆穴、左右前後、種種區別。必須論及修向、修方、始可無誤。

又按、封面可書孝思不匱四字。封套可書福蔭無疆四字。

又按、辭書云、塋、余瓊切、音營、庚韻。墓也。葬地也。又塋地、即墓地。清通禮云。塋地自塋心四旁、一品九十步。二品以下遞減十步。瘞、倚例切、讀若翳。霽韻。幽埋也。謂埋藏也。詩經云。上下奠瘞。

謹選安葬吉日二

據來書云 貴佳城舊塋已葬 祖考妣原定壬山丙向兼子午。卽坐北朝南。此次擬於左首昭穴安葬 顯考妣二柩。伏查本年太歲壬申。劫煞值巳。災煞值午。歲煞值未。今 貴塋坐壬向丙。兼子午。其午字正犯災煞。似覺不妥。其實三煞可向不可坐。經有明文可考。庸何傷耶。至於左首昭穴。所居之地。在東而不在南。其爲方位清泰。足可用事。更無疑義。若再擇吉月吉日吉時。扶龍補山。裨益化命。有不秀鍾泉壤。福蔭子孫者乎。下略

按此乃於祖塋左側。安葬考妣。故以修方論。與開山立向不同。查祖塋左側。適在南方。不犯年家凶煞。儘可於平時擇吉用事也。

謹選合葬吉日三

來函云 貴佳城舊塋原定癸山丁向不兼。此次擬請甲子相之乾柩。與已葬戊辰相之坤柩合窆。伏查本年太歲癸酉。通天竅云金之位煞在東方寅卯辰。今 貴塋坐癸向丁。似尚平正。惟乾柩與坤柩合窆。其地位應在坤柩之左。適居艮寅之間。詎料艮寅地位。正犯本年三煞。平時萬不能孟浪動作。茲遵協紀辨方書所載權葬法。

擇大寒五日後、立春前吉日吉時。舉行破土合窆典禮。庶幾萬全也。下略

按今以未葬之乾柩、而欲與已葬之坤柩合窆。此與新阡塋地、只論開山不同。必須詳論修方、始可無誤。查癸山丁向乃是坐北朝南。未葬之乾柩、當列於已葬坤柩之左、其地位適在東北。介居艮寅之間。正犯癸酉年之劫煞。是以平時不能破土合窆。必待大寒後、權葬期也。

按辭書云窆、臂驗切、音砭。豔韻。又上聲、義同。葬下棺也。周禮云、及窆執斧以泄匠師。

謹選安葬吉日（四）

貴佳城　祖妣舊塋、原定庚山甲向兼申寅。　伯父舊塋、原定庚山甲向兼酉卯。此次擬於舊塋左首壙外餘地安葬　顯考福柩。其地點、適在北方。仍用庚山甲向兼酉卯。即坐西朝東。伏查本年太歲甲戌。三煞在北。五黃煞在西。今　顯考新塋、仍用坐庚向甲兼酉卯。固犯西方之五黃。而舊塋左首之地點、又值北方之三煞。有此兩弊、平時萬不可破土工作。惟有先行擇吉厝柩、以妥先靈。俟至大寒五日後、再爲遴

選吉日吉時舉行安葬典禮。此即協紀辨方書所謂權葬法也。適用此法、非惟不忌開山立向歲月諸凶煞、且可獲福徵祥云。下略

按祖妣舊塋庚山甲向。伯父舊塋亦庚山甲向。此二語、不可忽略。否則必不能知其舊塋左首壙外餘地、適在北方也。今既確定其壙外餘地、適在北方。故能毅然決然斷定其方為甲戌年三煞所臨之地。至於庚山甲向兼酉卯、正犯甲戌年之五黃大煞、此尚易於了解耳。

又按此乃於舊塋壙外餘地、安葬顯考。必須以修方論、與新阡塋地、僅論開山立向者不同。今所修之方、（即擬葬顯考之地點）、適在北方。正犯年家三煞。此修方不利也。至於庚山甲向、又坐在西之五黃。即以開山論之、亦不利也。無已、惟有先行擇吉厝柩、後用權法安葬。避危就安、盡人事耳。

謹選安葬吉日五

安葬擇吉大要有三。其一山向。其二化命。其三祭主。（即重要生庚）。今據　來函所云、貴佳城新阡子山午向兼癸丁。庚子庚午分金。在本年太歲已巳、南北大利。足

可擇吉破土安葬。無如　化命癸亥原相、與太歲己巳、斡魁枝衛。平時萬不宜用。經云、太歲衝命最凶。此之謂也。有此困難問題。雖　祭主戊子宮、及長幼生庚。均不犯太歲。亦不宜孟浪從事。若待至明年太歲庚午、與　化命癸亥相、似不犯衝。詎料祭主戊子宮、又與太歲庚午犯衝矣。不甯惟是、而庚午年之歲破、又擮子山。其凶無匹。尤不宜妄動。欲求安全、必須俟至辛未年。山向、化命、祭主、三者皆吉、始可選擇吉期、舉行安葬典禮。然按諸昔賢葬親貴早之義。殊多不合。所以協紀辨方書、載明權葬法。擇大寒五日後、立春前、吉日吉時。破土安葬。非惟不忌開山立向、歲月諸凶煞。且可獲福徵祥。茲遵此旨、擇吉候酌。下略

按、此因化命正衝本年太歲、是以採用權葬法也。

謹選安葬吉日六

貴佳城、新阡庚山甲向兼申寅。即坐西朝東。伏查本年、太歲壬申。三煞在南方巳午未。今　貴塋坐庚向甲向申寅。不犯南方三煞。似可擇吉用事。惟細按之、坐山兼申斡遁戊字。為本年壬申之戊都天煞。而申字又為本年太歲。此名戊壘太歲之堆黃

煞。凶不可制。所妙者　化命壬戌原相、　孝男癸卯宮生、　長孫丁卯宮生、均與太歲不犯抵觸。尚可遵照協紀辨方書、所載權葬法。擇大寒五日後、立春前、吉日吉時、破土安葬。非惟不忌開山立向、歲月諸凶煞。且可獲福徵祥。或曰、安葬典禮、何等重要。所選日時、竟曰從權。豈不謬哉。曰、若捨此不由。待至明年、太歲癸酉。與　孝男癸卯宮、　長孫丁卯宮、均犯衝尅。萬不可用。再待至後年、太歲甲戌。五黃煞並兌、兌納庚。而庚山之佳城、適犯五黃煞。其凶無匹。不甯惟是。　二孫戊辰宮、又與太歲甲戌、幹尅枝衝。尤不穩當。若再待一年、太歲乙亥。伏兵煞並庚、劫煞值申。坐庚兼申之佳城更不宜有破土工作。似此情形。年復一年。揆之先哲葬親貴早之義。諒亦孝子賢孫、心所不安也。珊思維至再。確認協紀書所載權葬等法具有至理。故為世人通用。非敢孟浪、亦非敢率略也。而況所選之壬申年、癸丑月、丙申日、癸巳時。取申年申日為本山之祿元、丑月巳時、為庚山之貴人長生。雖日幹之丙、遇尅庚山、得壬癸交拱之、斷不為害。或謂壬癸交拱、丙火衰頹、究非所宜。曰、四柱藏土、足可禦水。時逢日祿、足可助火。互相調劑。功用勝常。豈止裨益　化命昌熾子孫已哉下略相墓者。南史柳世隆傳云。世隆精曉術數。於倪塘創墓。與賓客踐履。十往五往。常坐一處。及卒。墓工圖墓。正取其坐處焉。墓木、即墓地所植樹木也。左傳云。爾何知。中壽。爾墓之木拱矣。墓表、即墓碑。爲文以表其人。故曰表。西漢有故謁者景君墓表。此墓表之最古者。墓碑、古人立碑、爲懸棺下窆之用。本以木爲之。禮記所謂豐碑桓楹、是也。漢以後、爲文辭表墓。始以石代之。取其不朽。東漢立碑之風尤盛。文體中、亦遂自爲一格。文心雕龍、所謂其序則傳。其文則銘、是也。碑之尺寸、及趺蓋之制。皆依官品爲等級。明會典、清通禮、並載之。墓碣。即墓碑也。首之圓者曰碑。方者曰碣。碣、極謁切、音竭。月韻。又屑韻、義同。特立之石也。墓誌銘、誌墓文之埋於地中者。用正方兩石相合。一刻誌銘。一題死者之姓氏爵里。而平放於柩前也。齊王儉、謂起於宋元嘉、顏延之爲王球作石誌。然西漢杜子夏、臨終刻石。埋於墓前。已有其例。蓋宋以後、始盛行耳。墓祭、就墓而祭也。晉唐諸儒、皆言古無墓祭。上陵始於漢寒食。上塚始於唐。孟子言東郭墦間之祭者。則其俗蓋起於戰國矣。墦、符艱切、音煩。元韻。冢也。冢、知隴切、音塚。腫韻。高墳也。墓之高大者、曰冢。與塚通。天香樓偶得云。平者曰墓。卑者曰冢。高者曰墳。由是觀之。冢雖較墓為高大。然猶次於墳之隆起者也。以上諸說。雖曰煩瑣。而選吉家不可不知。是以不憚辭費。備錄於此。

謹選樹立墓碑吉日

據云、　貴佳城、已葬之塋癸山丁向兼子午三分。於甲子年十二月十二日未時、早經正式安葬。葬課為　甲子、　乙亥、　辛卯、　乙未。　伏查癸山屬水。而所用葬課。天幹甲乙交加地支亥卯未林立。木象森森。盜洩水氣。與癸山丁向、似不相宜。無慮乎　台端疑為不甚妥善也。茲特遵　囑力謀補救。謹選得

乙丑年、乙丑月、丁酉日、乙巳時。樹立墓碑、排除盜洩。蓋十二月八白星到坎。丙奇星亦到坎。坎管壬子癸三山。今奇白同臨。原定之癸山固可得道多助。轉弱為強。課備巳酉丑三合會金。金能制木。即原葬舊課之木局。亦將俯首貼耳、斂跡銷聲。不寧惟是。　化命乙巳原相得此金局聯合、尤多情致。經云、化命安、則生者俱安。信如斯言。　戊申宮之母固可康強逢吉。　甲戌宮之子、　庚戌宮之孫、又何嘗不可攸往咸宜耶。

按、沈亮工曰、葬重補龍、造重扶山。邱平甫曰凡遠龍不論。只以到穴之小脈為主。觀此、可知古人補山與補龍相同之說、有至理焉。蓋到穴小脈大率與坐山相同。其不同者、乃少數耳。若泥於重龍而不重山。得毋捨近求遠、顧此失彼之弊乎。有志於選吉學者、倘能就本編二十四龍吉凶表。稍加之意。即可得之。又何致癸山丁向、而用洩氣之木局哉。

又按、封面可書大名如在、或書永奠幽宅四字。封套可書貞石長留或書勒績貞珉四字。

跋

選吉之道。發明最古。如敬授人時、見於書。吉日庚午、見於詩。用剛用柔、見於禮。治經者、類能言之。而罕有通其術者。良以斯道書日多。而說日謬。聚訟紛紜。真理反晦。宜爲通人所唾棄。又或搜輯太繁。紊義例。欠顯明。苟乏師承。烏能識其門徑哉。余友袁君樹珊、近著選吉探原一書。舉悠謬之說。掃除而廓清之。其議論之簡當。解釋之精詳、有按圖索驥一目瞭然之觀。與命理探原、大六壬探原並傳。堪稱爲三絕。君固爲嘉惠後學計也。然使一編在手。立決從違。將見人獲南針。共曉然於若時逢吉之義。則此書之功用。尤今後世人之良導師也。豈特研究斯道者所宜奉爲圭臬已哉。賦沭之餘。爰書數語。以誌欽佩。時民國乙丑年閏四月二十二日鄉愚弟王彝祝三甫謹跋真州于觀源書

鎮江袁樹珊啓事　戊寅正月

鄙人賣卜京江，四十餘載。著書數種，就正高明。差幸薄負時譽，茍免飢寒。奈何避地滬瀆，復闢硯田。止足不知，貽譏　大雅。蓋鑒於星卜小道，當此之時，不絕如縷。而我國古聖先賢之哲學，亦將泯然若忘。是以不自揣度，擬重修漢司馬季主之墓。擬重修蜀嚴遵君平之宅。並擬纂輯歷代卜筮星相名人列傳。一以發潛德之幽光，一以保固有之國粹。惟茲事體大，所費甚鉅。爲此振刷精神，犧牲腦汁，略貢五行一得之愚。與　海內知音，共商力命問題。俾命運亨通之士，得以邁步進行。命運蹇滯之人，得以虛心耐守。敢謂避凶趨吉，益已利人。不過藉博錙銖，冀償夙願。同好君子，或可諒諸。

星命釋疑綱要

一、君如有一種事件，不知能達目的與否，及希望如何，儘可垂詢。

二、君如有兩種事件，或兩條路徑，究竟何去何從，儘可垂詢。

三、君如於本身職務，覺有種種不愜，以致煩悶疑慮，儘可垂詢。

四、君如以進退關係，或動靜順逆，種種問題，疑團莫釋，儘可垂詢。

五、君如以要事託人，賢愚莫辨，或婚姻問題，是否美滿，儘可垂詢。

六、君如以親老子幼，及本身職業方針，與夫壽殀窮通結果，儘可垂詢。

以上六則，如蒙 垂詢。珊雖見聞膚淺，當按照潤例，就學言理，竭忱答覆，以副 雅誼。

鎮江袁樹珊星命潤筆簡章

課占常事略批 一元
課占要事詳批（嫌疑不占） 二元
命理流年大略（只論一年） 二元
命理行運大略 五元
命理行運詳批 十元
細論十載流年 二十元

乾坤二造合婚 十元
嫁娶選擇吉期 十元
開市選擇吉期 二十元
修造選擇吉期 二十元
安葬選擇吉期 二十元
接印選擇吉期 五十元

凡蒙賜教 筆資先惠 外埠函託
約期覆件 空函垂詢 恕不裁答

收件處上海靜安寺路同福里十二號 電話三八七六六號 袁廬

述卜筮星相學

鎮江袁樹珊著

是編計十餘萬言。釐為八卷。以周易太乙遁甲六壬棋卜字卜選吉
爲卜筮。以推命相人相宅相墓屬星相。純粹以科學方法說明之。且引
經據典。尋流溯源。提要鈎玄。語無泛設。至我國及東西各國卜筮星
相學之書目。其世所罕見者。本書均一一備錄。非惟足供留心斯學者
之參考。即研究天文・地質・生理・心理・論理・法律・政治・經濟
・生物・化學・礦物・歷史・算術・醫學等學者。亦所當知也。

史紙精印　每部四冊　實價三元六角

洋裝鉛印　每部一冊　實價一元

總發行所鎮江三善巷潤德堂書局

分發行所上海靜安寺路同福里十二號電話三八七六六號袁廬

總代售處上海三馬路千頃堂書局

養生三要

此爲習醫門徑之書
欲求習醫方法及却病延年
多子多孫者須讀此書

袁昌齡先生遺著，原有醫門集要八卷。於脉理，內科，外科，及鍼灸科諸法，莫不綱舉目張。燦然大備。此編乃集要之首卷。書分三篇。曰衛生精義，曰病家須知，曰醫師箴言。皆袁集聖哲良規，名醫粹語，一可治未病，一可治已病，一可治醫病者之病，誠養生三要也。

木版精印　一冊　實價六角
洋裝鉛印　一冊　實價二角

總發行所鎮江三善巷潤德堂書局
分發行所上海靜安寺路同福里十二號 電話三八七六六號 袁廬
總代售處上海三馬路千頃堂書局

增訂命理探原

力學與命學　有連帶之關係　欲求發展力學　不可不知命學
此書編次簡明　人人可讀　按圖索驥　無師自通
自己推命　可以利己　爲人推命　可以識人

論語首章曰，學而時習之，此力學也。終篇曰，不知命無以爲君子，此命學也。讀此可以見聖人之心理，使人先盡人力，後安天命。既不致迷信人力，而恃強行險。亦不致迷信天命，而消極無爲。諸葛公謀事在人，成事在天。曾文正三分人事，七分天命之說，皆本於此。前清四庫全書術數類，古今圖書集成藝術典，所載命學，精微博大，殊屬可觀。今海上書局，多有影印流傳，學者當有目共賞。惜對於力學，皆忽而不講。

鎮江袁樹珊，有鑒於此，特將曩年舊作命理探原，重加增訂，釐爲八卷，共拾餘萬言。既詳列命學之公式，又備言力學之方針。苟能人手一編，精加之意。固不致盡恃人力爲萬能，亦不致誤認天命爲無稽。只須力命兩層，雙管齊下，有不共躋君子之域者乎。

洋裝一冊　特價四角　木版精印四冊　實價一元六角

總發行所鎮江三善巷潤德堂書局
分發行所上海靜安寺路同福里十七號　電話三八七六六號　袁廬
總代售處上海三馬路千頃堂書局

標準萬年曆

此為歷史家星卜家

必需之書

本書所載節氣時候，概以當年所頒行之時憲書為標準。及至民國成立，概以觀象台編製之曆書為標準。故能糾正坊間曆書之誤。凡欲求陰曆月建大小，節氣時候。及陽曆某日，為陰曆某日者，不可不人手一編也。

精裝一册　實價一元　平裝一册　實價五角

總發行所鎮江三善巷潤德堂書局
分發行所上海靜安寺路同福里十二號電話三八七六六號袁廬
總代售處上海三馬路千頃堂書局

大六壬探原

此為卜課門徑之書

欲求決萬事之疑。及動靜從違。成敗利鈍者。須讀此書。

易云，君子以思患而豫防之。中庸云凡事豫則立，不豫則廢。玉篇，豫或作預。由是觀之，豫之時義，大矣哉。今人但知金錢出入，須有豫算。而不知是非成敗，禍福榮辱，尤當有豫算。否則患何以防，事何以立。然欲求防患未然，立事不廢，必須求豫知之法。欲求豫知之法，能不讀卜筮之書乎。顧卜筮之書，種類不一。惟壬課原本義爻，相傳尤古。其推演之法，由占時而月將，是無極生太極也。由月將而幹枝，是太極生兩儀也。由幹枝而四課，則太陽少陽，太陰少陰，四象生焉。由四課而發用，初傳法天，中傳法人，末傳法地，三才位焉。三才既具，五行備焉，神將定焉。神將既定，提其機樞。則天下萬事萬物，孰吉孰凶，孰悔孰吝，胥於此現象得之。豈獨是非成敗，禍福榮辱已哉。鎮江袁樹珊，探討壬學，歷有四十餘年。爰將其平日經驗，及家藏古籍。提要鈎玄，撰述成書。釐為三篇，曰演法，曰論斷，曰集說。命其名曰大六壬探原。蓋取其窮原探本之意。世之君子，苟欲預知防患未然，及立事不廢之法者，不可不人手一編也。

洋裝一冊　實價六角　木版精印二冊　實價一元二角

總發行所鎮江三善巷潤德堂書局
分發行所上海靜安寺路同福里十二號 電話三八七六六 袁廬
總代售處上海三馬路千頃堂書局

賣卜危言

鎮江袁樹珊撰

此冊爲長沙陳高林先生所書，真草隸篆，各極其妙。影印精良，不爽毫黍。學者得此，不僅知賣卜之宗旨何在，尤可爲臨池學書之一助也。

史紙精印　一冊　實價二角

總發行所鎮江三善巷潤德堂書局
分發行所上海靜安寺路同福里十二號電話三八七六六號袁廬
總代售處上海三馬路千頃堂書局

中華民國廿七年十二月再版

選吉探原

木版精印二冊　實價一元二角
洋裝精印一冊　實價六角

著作者　鎮江袁樹珊

總發行所　潤德堂書局　鎮江三善巷

分發行所　袁廬　上海靜安寺路同福里十二號

總代售處　千頃堂書局　上海三馬路

選吉探原

此為選吉門徑之書

欲求選擇良辰。舉行上任開市。及嫁娶造葬者。須讀此書。

選吉一道，古人最重，今人每以迷信忽之。是以民國元年一月一日，丙子值建。二年一月一日，壬午值破。按照選吉原理，皆為諸事不宜。乃竟有於此兩凶日，舉行各種重大典禮者。卒至荊棘叢生，干戈迭起。殊不知外事用剛日，內事用柔日，載諸經典，百王不易。太歲可坐，三煞可向，五黃，戊己須避。證以博物志所云，鵲巢門戶，皆背太歲。抱朴子所云，鶴知半夜，燕知戊己，益信而有徵。豈可概以迷信而抹煞之耶。

鎮江袁樹珊，所著選吉探原一書，上下兩冊。對於選年選月選日選時，及朝野各界，選吉需要等法。孰吉孰凶，孰宜孰忌，莫不綱舉目張，詳細說明。凡欲從事斯道者，只須照表檢查，無異按圖索驥，順逆從違，立即解決。以視其他選吉之書，千頭萬緒，拘牽攸謬者，誠不可同日而語也。

洋裝一冊　實價六角　　木版精印兩冊　實價一元二角

總發行所鎮江三善巷潤德堂書局

分發行所上海靜安寺路同福里十二號 電話三八七六六號 袁廬

總代售處上海三馬路千頃堂書局

占筮類			
1	擲地金聲搜精秘訣	心一堂編	沈氏研易樓藏稀見易占秘鈔本
2	卜易拆字秘傳百日通	心一堂編	
3	易占陽宅六十四卦秘斷	心一堂編	火珠林占陽宅風水秘鈔本
星命類			
4	斗數宣微	【民國】王裁珊	民初最重要斗數著述之一；未刪改本
5	斗數觀測錄	【民國】王裁珊	失傳民初斗數重要著作
6	《地星會源》《斗數綱要》合刊	心一堂編	失傳的第三種飛星斗數
7	《斗數秘鈔》《紫微斗數之捷徑》合刊	心一堂編	珍稀「紫微斗數」舊鈔秘本
8	斗數演例	心一堂編	
9	紫微斗數全書（清初刻原本）	題【宋】陳希夷	斗數全書本來面目；有別於錯誤極多的坊本
10－12	鐵板神數（清刻足本）——附秘鈔密碼表	題【宋】邵雍	無錯漏原版秘鈔密碼表 首次公開！
13－15	蠢子數纏度	題【宋】邵雍	蠢子數連密碼表 打破數百年秘傳 首次公開！
16－19	皇極數	題【宋】邵雍	清鈔孤本附起例及完整密碼表 研究神數必讀！
20－21	邵夫子先天神數	題【宋】邵雍	附手鈔密碼表 研究神數必讀！
22	八刻分經定數（密碼表）	題【宋】邵雍	皇極數另一版本；附手鈔密碼表
23	新命理探原	【民國】袁樹珊	子平命理必讀教科書！
24－25	袁氏命譜	【民國】袁樹珊	民初二大命理家南袁北韋
26	韋氏命學講義	【民國】韋千里	
27	千里命稿	【民國】韋千里	北韋之命理經典
28	精選命理約言	【民國】韋千里	命理經典未刪改足本
29	滴天髓闡微——附李雨田命理初學捷徑	【民國】袁樹珊、李雨田	
30	段氏白話命學綱要	【民國】段方	民初命理經典最淺白易懂
31	命理用神精華	【民國】王心田	學命理者之寶鏡

32	命學探驪集	【民國】張巢雲	發前人所未發　稀見民初子平命理著作
33	澹園命談	【民國】高澹園	
34	算命一讀通——鴻福齊天	【民國】不空居士、覺先居士合纂	
35	子平玄理	【民國】施惕君	
36	星命風水秘傳百日通	心一堂編	
37	命理大四字金前定	題【晉】鬼谷子王詡	源自元代算命術
38	命理斷語義理源深	心一堂編	稀見清代批命斷語及活套
39－40	文武星案	【明】陸位	失傳四百年《張果星宗》姊妹篇　千多星盤命例　研究命學必備
相術類			
41	新相人學講義	【民國】楊叔和	失傳民初白話文相術書
42	手相學淺說	【民國】黃龍	民初中西結合手相學經典
43	大清相法	心一堂編	重現失傳經典相書
44	相法易知	心一堂編	
45	相法秘傳百日通	心一堂編	
堪輿類			
46	靈城精義箋	【清】沈竹礽	沈氏玄空遺珍　玄空風水必讀
47	地理辨正抉要	【清】沈竹礽	
48	《玄空古義四種通釋》《地理疑義答問》合刊	沈瓞民	
49	《沈氏玄空吹虀室雜存》《玄空捷訣》合刊	【民國】申聽禪	
50	漢鏡齋堪輿小識	【民國】查國珍、沈瓞民	
51	堪輿一覽	【清】孫竹田	失傳已久的無常派玄空經典
52	章仲山挨星秘訣（修定版）	【清】章仲山	章仲山無常派玄空珍秘　門內秘本首次公開　沈竹礽等大師尋覓一生末得之珍本！
53	臨穴指南	【清】章仲山	
54	章仲山宅案附無常派玄空秘要	心一堂編	
55	地理辨正補	【清】朱小鶴	玄空六派蘇州派代表作
56	陽宅覺元氏新書	【清】元祝垚	簡易・有效・神驗之玄空陽宅法
57	地學鐵骨秘　附　吳師青藏命理大易數	【民國】吳師青	釋玄空廣東派地學之秘
58－61	四秘全書十二種（清刻原本）	【清】尹一勺	玄空湘楚派經典本來面目　有別於錯誤極多的坊本

62	地理辨正補註　附 元空秘旨　天元五歌　玄空精髓　心法秘訣等數種合刊	【民國】胡仲言	貫通易理、巒頭、三元、三合、天星、中醫
63	地理辨正自解	【清】李思白	公開玄空家「分率尺、工部尺、量天尺」之秘
64	許氏地理辨正釋義	【民國】許錦灝	民國易學名家黃元炳力薦
65	地理辨正天玉經內傳要訣圖解	【清】程懷榮	秘訣一語道破，圖文并茂
66	謝氏地理書	【民國】謝復	玄空體用兼備、深入淺出
67	論山水元運易理斷驗、三元氣運說附紫白訣等五種合刊	【宋】吳景鸞等	失傳古本《玄空秘旨》《紫白訣》
68	星卦奧義圖訣	【清】施安仁	三元玄空門內秘笈　清鈔孤本 過去均為必須守秘不能公開秘密 與今天流行飛星法不同
69	三元地學秘傳	【清】何文源	
70	三元玄空挨星四十八局圖說	心一堂編	
71	三元挨星秘訣仙傳	心一堂編	
72	三元地理正傳	心一堂編	
73	三元天心正運	心一堂編	
74	元空紫白陽宅秘旨	心一堂編	
75	玄空挨星秘圖　附 堪輿指迷	心一堂編	
76	姚氏地理辨正圖說　附 地理九星并挨星真訣全圖　秘傳河圖精義等數種合刊	【清】姚文田等	蓮池心法　玄空六法 門內秘鈔本首次公開
77	元空法鑑批點本——附 法鑑口授訣要、秘傳玄空三鑑奧義匯鈔　合刊	【清】曾懷玉等	
78	元空法鑑心法	【清】曾懷玉等	
79	曾懷玉增批蔣徒傳天玉經補註【新修訂版原（彩）色本】	【清】項木林、曾懷玉	
80	地理學新義	【民國】俞仁宇撰	揭開連城派風水之秘
81	地理辨正揭隱（足本）　附連城派秘鈔口訣	【民國】王邀達	
82	趙連城傳地理秘訣附雪庵和尚字字金	【明】趙連城	
83	趙連城秘傳楊公地理真訣	【明】趙連城	
84	地理法門全書	仗溪子、芝罘子	巒頭風水，內容簡核、深入淺出
85	地理方外別傳	【清】熙齋上人	巒頭形勢、「望氣」「鑑神」
86	地理輯要	【清】余鵬	集地理經典之精要
87	地理秘珍	【清】錫九氏	巒頭、三合天星，圖文並茂
88	《羅經舉要》附《附三合天機秘訣》	【清】賈長吉	清鈔孤本羅經、三合訣法圖解
89–90	嚴陵張九儀增釋地理琢玉斧巒	【清】張九儀	清初三合風水名家張九儀經典清刻原本！

91	地學形勢摘要	心一堂編	形家秘鈔珍本
92	《平洋地理入門》《巒頭圖解》合刊	【清】盧崇台	平洋水法、形家秘本
93	《鑒水極玄經》《秘授水法》合刊	【唐】司馬頭陀、【清】鮑湘襟	千古之秘，不可妄傳匪人
94	平洋地理闡秘	心一堂編	雲間三元平洋形法秘鈔珍本
95	地經圖說	【清】余九臯	形勢理氣、精繪圖文
96	司馬頭陀地鉗	【唐】司馬頭陀	流傳極稀《地鉗》
97	欽天監地理醒世切要辨論	【清】欽天監	公開清代皇室御用風水真本
三式類			
98-99	大六壬尋源二種	【清】張純照	六壬入門、占課指南
100	六壬教科六壬鑰	【民國】蔣問天	由淺入深，首尾悉備
101	壬課總訣	心一堂編	過去術家不外傳的珍稀六壬術秘鈔本
102	六壬秘斷	心一堂編	
103	大六壬類闡	心一堂編	
104	六壬秘笈——韋千里占卜講義	【民國】韋千里	六壬入門必備
105	壬學述古	【民國】曹仁麟	依法占之，「無不神驗」
106	奇門揭要	心一堂編	集「法奇門」、「術奇門」精要
107	奇門行軍要略	【清】劉文瀾	條理清晰、簡明易用
108	奇門大宗直旨	劉毗	天下孤本　首次公開 虛白盧藏本《秘藏遁甲天機》 奇門不傳之秘　應驗如神
109	奇門三奇干支神應	馮繼明	
110	奇門仙機	題【漢】張子房	
111	奇門心法秘纂	題【漢】韓信（淮陰侯）	
112	奇門廬中闡秘	題【三國】諸葛武侯註	
選擇類			
113-114	儀度六壬選日要訣	【清】張九儀	清初三合風水名家張九儀擇日秘傳
115	天元選擇辨正	【清】一園主人	釋蔣大鴻天元選擇法
其他類			
116	述卜筮星相學	【民國】袁樹珊	民初二大命理家南袁北韋 南袁之術數經典
117-120	中國歷代卜人傳	【民國】袁樹珊	